教育部人文社会科学重点研究基地项目（项目编号：JD790006）资助

中国中部产业发展报告
（2020）

Report on the Industrial Development of Central China（2020）

罗海平　叶国良　等著

中国财经出版传媒集团

经济科学出版社

Economic Science Press

图书在版编目（CIP）数据

中国中部产业发展报告. 2020/罗海平等著. —北京：
经济科学出版社，2020. 7
ISBN 978 - 7 - 5218 - 1734 - 8

Ⅰ. ①中… Ⅱ. ①罗… Ⅲ. ①产业发展 - 研究报告 -
中国 - 2020 Ⅳ. ①F124

中国版本图书馆 CIP 数据核字（2020）第 130829 号

责任编辑：宋　涛
责任校对：杨　海
责任印制：李　鹏　范　艳

中国中部产业发展报告（2020）
罗海平　叶国良　等著
经济科学出版社出版、发行　新华书店经销
社址：北京市海淀区阜成路甲 28 号　邮编：100142
总编部电话：010 - 88191217　发行部电话：010 - 88191522
网址：www. esp. com. cn
电子邮件：esp@ esp. com. cn
天猫网店：经济科学出版社旗舰店
网址：http://jjkxcbs. tmall. com
北京季蜂印刷有限公司印装
710 × 1000　16 开　11.75 印张　200000 字
2020 年 8 月第 1 版　2020 年 8 月第 1 次印刷
ISBN 978 - 7 - 5218 - 1734 - 8　定价：47.00 元
（图书出现印装问题，本社负责调换。电话：010 - 88191510）
（版权所有　侵权必究　打击盗版　举报热线：010 - 88191661
QQ：2242791300　营销中心电话：010 - 88191537
电子邮箱：dbts@ esp. com. cn）

目　　录

第一章

中部产业发展与中部崛起：
新趋势与新要求

第一节　中部崛起新阶段与新趋势

一、我国已进入高质量发展和建设社会主义强国的新阶段

（一）从高增长阶段到高质量发展阶段，新时代中国经济开启历史新征程

改革开放以来，特别是党的十八大以来，我国坚定不移贯彻新发展理念，转变经济发展方式，发展的质量和效益不断提升；区域发展协调性增强，"一带一路"建设、京津冀协同发展、长江经济带发展成效显著；供给侧结构性改革深入推进，经济结构不断优化，数字经济等新兴产业蓬勃发展，基础设施建设快速推进，农业现代化和城市化稳步推进，综合国力和国际竞争力显著提升。2019 年，我国 GDP 总量达到 99.1 万亿元，由高速增长阶段转向高质量发展阶段，正处在转变发展方式、优化经济结构、转换增长动力的攻关期，开启了中国经济历史新征程。

（二）现代化经济体系建设确立新方向，创新与开放正引领我国发展上新台阶

新时代中国经济发展正面临着复杂多变的国际国内局势，改革开放以来的开放红利、人口红利等作用正在减退。在新的环境和条件下，我国在建设现代化经济体系中明确了新方向。其一，坚持以供给侧结构性改革为主线。党的十九大报告提出，建设现代化经济体系，必须把发展

经济的着力点放在实体经济上，把提高供给体系质量作为主攻方向，显著增强我国经济质量优势。供给侧结构性改革已经成为我国宏观经济管理的核心内容与主攻方向，成为"十三五"期间我国践行"创新、协调、绿色、开放、共享"发展理念的重要政策着力点。其二，建设创新型国家。创新是引领发展的第一动力，是建设现代化经济体系的战略支撑。当前，以互联网为代表的信息技术革命正在全方位改变人们的生产生活方式。大数据、云计算为基本特征的新技术革命正在各个领域渗透与演变，人们正在进入一个以移动互联为纽带，数据化、信息化为特征的低碳时代，新能源、新材料等新兴产业正在崛起，生物产业、空间开发、智能制造等领域正在带领人们进入新的发展地带。其三，构建全面开放新格局。随着经济全球化的范围日益扩大，我国坚持以"一带一路"建设为重点，坚持引进来和走出去并重，遵循共商共建共享原则，加强创新能力开放合作，形成陆海内外联动、东西双向互济的开放格局。

（三）从"三步走"战略到两大发展阶段，新时代中国经济发展建立新目标

继 1987 年党的十三大提出中国经济建设分"三步走"总体战略部署之后，在综合分析国际国内形势和我国发展条件的基础上，党的十九大报告提出从 2020 年到 21 世纪中叶的两个阶段：第一个阶段，从 2020～2035 年，在全面建成小康社会的基础上，再奋斗 15 年，基本实现社会主义现代化；第二个阶段，从 2035 年到 21 世纪中叶，在基本实现现代化的基础上，再奋斗 15 年，把我国建成富强民主文明和谐美丽的社会主义现代化强国。因此，我们必须明确经济发展方向，建设现代化经济体系，实现新时代我国经济建设两大阶段目标。

二、中部地区迎来引领我国经济增长实现加速崛起的新时期

（一）国家层面高度关注中部地区崛起，中部经济正在蓄势发力

早在 2006 年，党中央、国务院就颁布实施《关于促进中部地区崛起的若干意见》，中部崛起的势头明显；2016 年 12 月，国务院发布《促进中部地区崛起"十三五"规划》，规划要求推动中部地区综合实力和竞争

力再上新台阶，开创全面崛起新局面。从经济总量来看，2018 年上半年 GDP 总量超过 2 万亿元的 5 个省份中，河南位列其中；且中部六省中有五省 GDP 总量过万亿元。可见，中部整体经济向好发展，中部经济正在蓄势发力，中部崛起是新时代我国实现经济整体发展、促进区域协调发展的必然趋势。

（二）继东部、东北、西部经济发力之后，中部地区成为中国经济增速最快的板块

改革开放时期，东部占据沿海地理优势，经济迅速发展；2006 年全国重工业发展提速后，重工业比重最大的东北，成为发展速度最快的地区；而后 10 年西部大开发，西部经济增速从 2011 年开始跃居全国第一；2017 年中部经济增速为 8%，开始高于西部的 7.73%、东部的 6.89% 和东北的 5.3%。由此可见，中国区域板块的增长格局发生了重大变化，中部成为 GDP 增速最快的地区，中部崛起正成为必然。①

（三）凭借独特的区位优势，中部经济实现工业和服务业双轮驱动

随着全国高铁网络形成，加上国家"一带一路"建设的推进，中部地区利用区位和交通优势承东启西，开通欧洲货运专列，物流优势凸显，带动了地区制造业发展和服务业发展。2018 年中部六省服务业增速大幅高于全国平均水平；2018 年中部六省除山西和湖南工业增速稍微偏低以外，其余地方增速都远远高于全国平均水平。就目前形势判断，下一阶段，在很长的时期内，中部区位优势将更加明显，东部产业向中部转移的步伐还会加快，中部地区在工业和服务业双轮驱动下必然崛起。

第二节　江西迎来高质量跨越式发展新时期

一、近年江西工业稳步增长已为实现工业中部崛起完成工业强省目标奠定了坚实基础

（1）从供给侧看，工业支撑有力，服务业主导行业增长平稳。

---

① 本段原始数据源自国家统计局网站（www.stats.gov.cn/）。

2018 年前期江西省 38 个工业大类行业有 33 个增加值保持增长，其中燃气、电子、化学纤维、石油加工等 14 个行业实现两位数增长。服务业行业中，道路运输业，电信、广播电视和卫星传输服务，商务服务业等三大行业的营业收入占到规模以上服务业的 56.7%，增长贡献率达 42.9%。

（2）从需求侧看，重点领域及重大项目投资快速增长，限额以上消费稳中趋升。2018 年前三季度江西省基础设施投资增长 16.6%，高于全部投资 5.3 个百分点；亿元以上施工项目对投资增长的贡献率达 75.2%；限额以上消费品零售额增长 11.3%，与上半年持平，高于一季度 0.4 个百分点。在供给侧和需求侧的作用之下，全省规模以上工业增加值同比增长 9.0%，增速比上半年回落 0.1 个百分点，高于全国平均水平 2.6 个百分点。由此可见，稳步增长的工业将是江西在中部实现崛起最坚实的凭靠，工业强省之路是江西崛起的必由之路。[①]

二、工业强省战略要求江西工业必须实现高质量跨越式发展

21 世纪之初，江西省确立了"以工业化为核心、以大开放为主战略"的发展战略，全省经济发展提速；党的十八大以来，面对经济发展新常态，江西提出"创新引领、绿色崛起、担当实干、兴赣富民"工作方针；2018 年 5 月江西省委、省政府发布《关于深入实施工业强省战略推动工业高质量发展的若干意见》；2018 年 7 月省委十四届六次全会在深化对世情、国情、省情认识的基础上，进一步提出"创新引领、改革攻坚、开放提升、绿色崛起、担当实干、兴赣富民"工作方针，着力推动高质量、跨越式发展。目前，江西总体上已跨越工业化中期，处于工业化中后期阶段，正阔步迈向工业高质量发展的新时代。但江西工业特别是传统产业发展不平衡不充分问题仍然十分突出，与建设现代化经济体系的新要求不相适应。因此，江西必须贯彻新发展理念，积极推进供给侧结构性改革，深入实施工业强省战略，扩投资、帮企业、勤调度、稳运行，推动新时代江西工业加速崛起实现高质量、跨越式发展。

---

① 本段原始数据源自江西省统计局网站（http：//tjj.jiangxi.gov.cn/）。

第三节　江西工业呈现"超湘赶皖"竞争新态势

一、江西经济增速引领中部地区经济增长

我国经济发展具有较大的区域差异，中部地区总体与东部沿海地区具有较大的差距，而中部六省的发展同样存在不均衡的问题。根据中部地区各省政府工作报告和各省 2018 年统计公报，中部六省 2018 年的地区生产总值增速较 2017 年均有小幅度回调，江西经济增速为 8.7%，继续位列中部经济增速第一，同时继续位列全国经济增长的第一方队；安徽经济增速为 8.02%，在中部六省中位列第二；湖北和湖南均实现了 7.8% 的增长；河南实现了 7.6% 的增长；而山西以 6.7% 的经济增长率位列中部六省最末。从经济总量看，2018 年河南实现地区生产总值 48 055.86 亿元，继续在中部地区排名第一，位列全国第五，距离 5 万亿经济体量越来越近；湖北和湖南分别实现地区生产总值 39 366.55 亿元和 36 425.78 亿元；安徽以生产总值 30 006.82 亿元在 2018 年成功进入 3 万亿方队；江西以中部地区最高增速实现地区生产总值 21 984.8 亿元；山西则无论是增速还是经济体量均位列中部六省最末。从中部六省在全国 31 个省级行政区的排名来看（见表 1-1），相较于 2017 年的地区生产总值排名，2018 年河南、湖北和安徽继续保持了全国第 5、第 7 和第 13 名的位次不变，而湖南、安徽、江西和山西则分别进位一名，分别位列第 8、第 16 和第 23 位。

表 1-1　　　　　2017 年、2018 年中部六省地区生产总值

省份	2018 年			2017 年		
	排名	GDP（亿元）	增速（%）	排名	GDP（亿元）	增速（%）
河南	5	48 055.86	7.6	5	44 552.83	7.8
湖北	7	39 366.55	7.8	7	35 478.09	7.8
湖南	8	36 425.78	7.8	9	33 902.96	8.0
安徽	13	30 006.80	8.0	13	27 018.00	8.5
江西	16	21 984.80	8.7	17	20 006.31	8.8
山西	23	16 818.11	6.7	24	15 528.42	7.1

资料来源：《中国统计年鉴（2018）》《中国统计年鉴（2019）》。

二、工业是江西中部进位赶超的突破口

工业是经济最重要支撑，江西实现经济中部崛起与进位赶超的首要任务是工业的赶超和进位。从经济总量来看，江西在中部六省中长期处于第 5 位，排名仅高于山西。排在江西前面的省份依次是安徽、湖南、湖北和河南，但由于人口基数过于悬殊，江西与排名相对靠近的安徽和湖南经济总量上的差距依然较大。从工业发展水平来看（见表 1-2），在规模以上工业企业数、主营业收入以及利润总额的三项重要指标排名中，河南三个发展指标均具有绝对领先优势。其次是湖北省，三项指标中有两项均位于中部第二位，但湖北的优势并不明显，规模以上工业企业数被安徽超越，主营收入与安徽相差无几。江西企业利润总额在中部六省中居于第三位，超过安徽和湖南。根据中部六省工业发展三个核心指标的排名，中部六省工业竞位格局正发生深刻变化，即江西已成功实现了从中部第三梯队向第二梯队的进位，并呈现了赶超势头。江西从长期与山西同为落后区域，加入了同湖北、安徽、湖南的竞争序列。江西正不断缩小与湖南、安徽的工业发展差距，通过高质量跨越式发展实现"超湘赶皖"的江西工业崛起。

表 1-2　　　　　　　　中部六省主要工业指标排名

类别	第一	第二	第三	第四	第五	第六
规模以上工业企业单位数（个）	河南	安徽	湖南	湖北	江西	山西
	22 023	18 883	15 201	15 097	10 889	3 835
规模以上工业企业主营收入（亿元）	河南	湖北	安徽	湖南	江西	山西
	79 909.12	43 210.52	43 110.37	38 934.23	33 751.65	17 852.4
规模以上工业企业利润总额（亿元）	河南	湖北	江西	安徽	湖南	山西
	5 352.43	2 608.03	2 355.56	2 352.44	2 093.98	1 031.59

资料来源：《中国统计年鉴（2018）》。

第二章

中部地区工业发展比较：基于江西的发展地位与差距比较

第一节　中部工业发展比较

一、工业企业维度

（一）中部企业数量增长迅速，江西体量差距仍然很大

1. 工业大省基础雄厚，江西工业企业追赶压力大

图 2-1 所示，从企业分布结构来看，江西大中型企业占比超过了 20%，

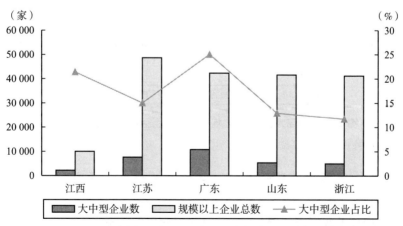

图 2-1　江西规模以上工业企业数量在全国中的位置

资料来源：各省 2018 年度统计年鉴。

比江苏、山东和浙江高。但在大中型企业数和规模以上企业总数的绝对量上与江苏、广东、山东、浙江等工业大省相比，存在较大差距，不及工业大省的1/4。截至2017年末，江西规模以上工业企业有10 889家，位于中部六省的河南、安徽、湖北、湖南之后的第五位。

2. 中部企业数量增长迅速，江西工业企业盈利能力稳步提高

图2-2所示，江西省企业规模普遍偏小，中、小企业仍是主体，规模以上企业比重偏低，在市场竞争中处于弱势地位。2017年末江西省规模以上工业企业主营业务收入为35 585.1亿元，同比增长15.8%，总量排名中部第五位，比位居首位的河南省低一半之多。利润总额2 475.7亿元，增长28.7%，同比提高10.4个百分点，位居中部第二位，与湖北、安徽较为接近。固定投资总额11 783亿元，位居中部第四位，与河南差距较大，与湖南、湖北、安徽较为接近，远超过山西，工业企业盈利能力稳步提高。

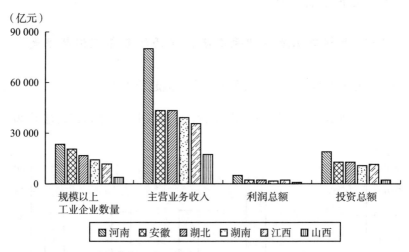

图2-2　中部六省2017年规模以上工业企业主要指标的比较

资料来源：《中国统计年鉴（2018）》。

（二）中部龙头经济凸显，江西企业规模偏小引领不足

1. 中部龙头经济规模凸显，江西聚集辐射能力不强

表2-1所示，2017年全国百强企业中江西铜业集团公司主营业务收

入超 2 000 亿元，位列中部六省第一；500 亿 ~ 1 000 亿元企业数 2 家，落后于湖北、湖南；100 亿元以上企业与 50 亿 ~ 100 亿元企业数共 44 家，与湖北、安徽、河南、湖南差距较大。总的来说，江西省经济总量不够大，百强企业总营业收入落后，综合实力不够，强大企业大项目不多，低小散的问题仍然存在，不能充分发挥龙头的聚集、辐射、带动和引导作用。

表 2 – 1　　　　　　2017 年中部六省"百强企业"规模分布及
工业经济效益情况（以主营业务收入分）

企业规模	超 2 000 亿元企业数	千亿元企业数	500 亿 ~ 1 000 亿元企业数	100 亿元以上企业数	50 亿 ~ 100 亿元企业数	百强企业总营业收入（亿元）
江西	1	1	2	17	27	
湖北	1	3	8	45	33	23 410.00
安徽	0	1	4	37	32	14 539.10
湖南	0	2	7	29	25	14 560.61
山西	0	5	4	16	11	14 305.70
河南	0	3	2	33	26	13 595.07

资料来源：中国企业联合会、中国企业家协会网站（http：//cec1979. org. cn/）。

2. 江铜领跑中部有色行业，湖北多行业重点企业表现突出

表 2 – 2 所示为中部六省各行业重点企业的营业收入。有色金属行业中江西铜业集团领先，主营业务收入 2 050 亿元，安徽铜陵有色金属集团、湖南五矿有色金属集团体量稍小，分别为 1 453 亿元和 1 263 亿元；汽车、医药、食品行业湖北省重点企业位于榜首，湖北东风汽车集团遥遥领先，安徽江淮汽车集团控股有限公司、郑州宇通客车集团有限公司名列第二、第三，江西江铃集团位于第四；医药行业中湖北九州通医药集团连续三年蝉联湖北省民营百强企业榜首，稻花香、卓尔控股分列二、三位，安徽、江西、河南重点企业实力相当。因此，要实现江西经济稳步发展，必须充分发挥龙头企业、重点企业的带动作用，驱动产业升级"火车头"，对全省龙头企业进行联点帮扶指导。

表 2－2　　　　2017 年中部六省各行业重点企业营业收入排名

有色金属行业			汽车行业		
省份	企业名称	营业收入（万元）	省份	企业名称	营业收入（万元）
江西	江西铜业集团	20 505 000	湖北	东风汽车	57 261 266
安徽	铜陵有色金属集团控股有限公司	14 534 744	安徽	安徽江淮汽车集团控股有限公司	4 705 129
湖南	五矿有色金属控股有限公司	12 635 973	河南	郑州宇通客车集团有限公司	3 768 502
湖北	大冶有色金属集团控股有限公司	8 080 187	江西	江铃汽车集团	3 134 600
山西	太原钢铁有限公司	7 060 767	安徽	奇瑞汽车股份有限公司	2 805 540
河南	安阳钢铁集团有限责任公司	3 729 747	河南	广州风神汽车有限公司郑州分公司	2 803 553
安徽	铜陵精达铜材有限责任公司	774 196	湖南	金龙集团	1 351 750
山西	山西省运城市龙飞有色金属有限公司	188 626			
食品行业			医药行业		
省份	企业名称	营业收入（万元）	省份	企业名称	营业收入（万元）
湖北	稻花香集团	5 056 186	湖北	九州通医药集团股份有限公司	6 155 684
江西	双胞胎集团	4 122 745	安徽	安徽华源医药股份有限公司	1 473 862
江西	江西煌上煌集团	806 582	江西	济民可信	1 428 197
河南	三全食品股份有限公司	478 101	湖北	人福医药	1 233 095
湖北	湖北良品铺子食品有限公司	425 610	河南	辅仁药业集团有限公司	1 212 194
湖南	绝味食品股份有限公司	327 414	安徽	安徽天星医药集团有限公司	523 984

食品行业			医药行业		
省份	企业名称	营业收入（万元）	省份	企业名称	营业收入（万元）
河南	好想你健康食品股份有限公司	207 183	江西	仁和集团	499 557
			湖南	株洲千金药业股份有限公司	286 489
			江西	江中药业	174 623

资料来源：中国企业联合会、中国企业家协会网站（http://cec1979.org.cn/）。

3. 中部工业经济竞争激烈，江西有色金属产业优势突出

表2-3比较了35个湘赣皖主要工业产业规模以上工业企业的主营业收入。安徽的煤炭开采和洗选业、黑色金属矿采选业、纺织服装、服饰业等工业门类的主营业收入均高于江西和湖南。江西的优势产业主要为有色金属矿采选业、纺织业、纺织服装、服饰业、皮革、毛皮、羽毛及其制品和制鞋业、文教、工美、体育和娱乐用品制造业、医药制造业、有色金属冶炼和压延加工业，这些工业门类的规模以上工业企业主营业收入均高于安徽和湖南。江西工业门类中规模以上工业企业主营业收入排名前十的为有色金属冶炼和压延加工业（6 373.18亿元）、电气机械和器材制造业（3 099.98亿元）、非金属矿物制品业（3 019.12亿元）、化学原料和化学制品制造业（2 545.94亿元）、农副食品加工业（2 185.69亿元）、计算机、通信和其他电子设备制造业（1 797.07亿元）、汽车制造业（1 463.44亿元）、纺织服装、服饰业（1 451.62亿元）、黑色金属冶炼和压延加工业（1 314.33亿元）和医药制造业（1 254.61亿元）。

表2-3　　　　湘赣皖规模以上工业企业主营业收入比较

工业领域	安徽（亿元）	江西（亿元）	湖南（亿元）	排名
煤炭开采和洗选业	1 152.89	117.87	393.6	3
黑色金属矿采选业	382.57	187.86	109.01	2
有色金属矿采选业	96.35	422.97	360.33	1
非金属矿采选业	220.79	330.17	387.92	2
农副食品加工业	3 143.3	2 185.69	3 267.3	3
食品制造业	729.88	614.26	1 073.27	3

续表

工业领域	安徽（亿元）	江西（亿元）	湖南（亿元）	排名
酒、饮料和精制茶制造业	658.04	342.45	713.78	3
烟草制品业	297.19	181.04	831.45	3
纺织业	1 038.17	1 223.57	660.25	1
纺织服装、服饰业	1 102.35	1 451.62	339.91	1
皮革、毛皮、羽毛及其制品和制鞋业	453.37	629.58	508.27	1
木材加工和木、竹、藤、棕、草制品业	694.22	447.64	742.18	3
家具制造业	383.17	363.19	346.58	2
造纸和纸制品业	413.59	373.66	661.93	3
印刷和记录媒介复制业	437.35	334.69	438.39	3
文教、工美、体育和娱乐用品制造业	477.20	635.88	331.10	1
石油加工、炼焦和核燃料加工业	371.21	557.05	617.79	2
化学原料和化学制品制造业	2 255.00	2 545.94	2 949.43	2
医药制造业	823.81	1 254.61	1 077.47	1
化学纤维制造业	96.49	88.05	31.71	2
橡胶和塑料制品业	1 630.19	764.41	645.13	2
非金属矿物制品业	2 516.81	3 019.12	3 026.57	2
黑色金属冶炼和压延加工业	1 908.10	1 314.33	1 513.99	3
有色金属冶炼和压延加工业	2 921.03	6 373.18	2 911.27	1
金属制品业	1 380.78	835.4	2 036.06	3
通用设备制造业	2 260.67	809.95	1 682.80	3
专用设备制造业	1 554.25	562.37	2 780.85	3
汽车制造业	2 799.21	1 463.44	1 770.54	3
铁路、船舶、航空航天和其他运输设备制造业	319.68	145.67	893.66	3
电气机械和器材制造业	4 824.38	3 099.98	1 881.69	2
计算机、通信和其他电子设备制造业	2 242.64	1 797.07	2 001.30	3
仪器仪表制造业	225.15	158.65	237.17	3
其他制造业	130.65	80.74	178.86	3

续表

工业领域	安徽（亿元）	江西（亿元）	湖南（亿元）	排名
废弃资源综合利用业	500.54	177.72	150.52	2
金属制品、机械和设备修理业	30.09	0.96	6.22	3

资料来源：各省 2017 年度统计年鉴。

（三）中部企业质量提升，江西上市企业数量偏少

1. 中部地区企业融资能力提升，江西上市企业数量偏少

截至 2018 年 10 月 10 日，根据 Wind 终端最新数据（见表 2 - 4），中部六省 A 股上市公司共 464 家。其中，安徽省数量最多，为 106 家，当前市值总量也最大，为 1.30 万亿元；山西数量最少，仅有 39 家；江西省 A 股企业数量比山西多 1 家，市值却最少，约 3 933.20 亿元，融资能力较弱。在增量上，2017 年湖南省增加了 17 家 A 股公司，排名第一；山西省仍然落后，增量为 0。河南以 78 家存量、4 家增量、8 865.04 亿元总市值分别列第四、三、三名，总体排在六省中游位置。

表 2 - 4　　　　当前中部六省 A 股上市公司数量及市值情况

	河南	湖北	湖南	安徽	江西	山西
企业数量（个）	78	99	102	106	40	39
2017 年增量（个）	4	2	17	9	2	0
市值（亿元）	8 865.04	10 071.29	8 265.19	12 979.87	3 933.20	5 923.43

注：市值不包括当日停牌企业。
资料来源：Wind 数据库。

2. 中部工业企业质量提升，湖北发展势头最为乐观

图 2 - 3 所示，在上市公司行业分布上，中部六省均以工业和材料类企业为主。河南工业企业占比 22%，材料类企业占比 29%，合计 51%，其余企业按占比从大到小依次为信息技术、日常消费、可选消费、医疗保健行业，共占比 40%，体现出河南经济转型的效果。安徽同样以工业、材料、消费类企业为主，共占比 66%，以四大酒企为代表，安徽食品行业发展基础雄厚。湖南的 A 股上市公司行业分布比较均匀，工业、材料、消费、医疗、信息技术企业占比均在 10% 以上。

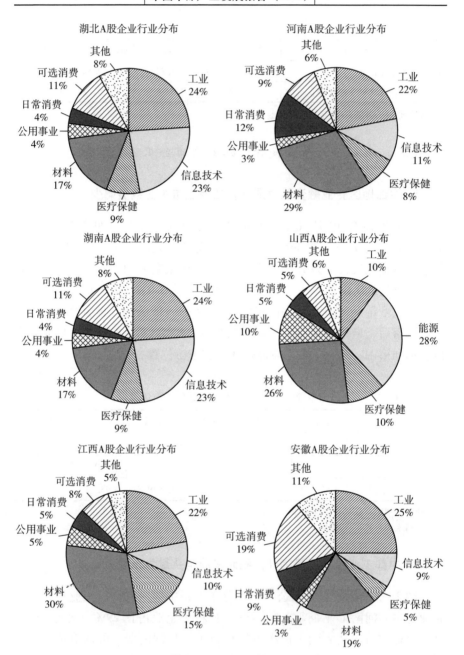

图 2-3 中部六省 A 股上市公司行业分布

资料来源：Wind 数据库。

（四）中部总体创新水平跃升，江西创新能力仍显不足

1. 江西创业活跃，创新驱动力稍显不足

2017 年江西新登记市场主体增长 16.5%，平均每个工作日新登记 2 131 户。研发机构是企业开展技术创新、实现科技进步的基础条件。图 2－4 所示，江西有研究机构企业数和研究机构企业数占规模以上企业比例都低于全国平均水平，与上海、浙江、江苏等存在较大差距，表明江西工业发展创新驱动性不足。进一步加强江西企业研究机构建设，有助于不断提升企业自主创新能力和内生发展动力，更好地推动创新驱动战略的实施。

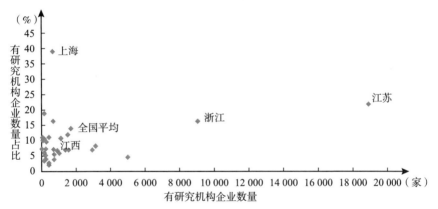

图 2－4　2015 年全国各省（市区）规模以上工业研发机构对比

资料来源：各省、各地区 2016 年度统计年鉴。

2. 中部企业创新能力持续增强，江西发展空间大

表 2－5 所示，中部六省高科技企业数量增长迅速，尤其是安徽、湖北、湖南，2015 ~ 2017 年高科技企业数量呈现 3 倍的增长。虽然山西产业结构以能源为主，高技术产业基础薄弱，但发展势头强劲。2015 年江西高科技企业数量不到 1 000 家，与安徽、湖北、河南接近，与湖南基本持平，但是 2015 ~ 2017 年 3 年间高科技企业数量的增长率相对较低，2017 年高科技企业数量只到湖北、安徽的一半。从这一趋势看，江西高科技企业在未来几年发展空间较大。

表 2 - 5 2015 ~ 2017 年我国部分地区高科技企业数量及其增长率

地区	2015 年高科技企业数量（家）	2016 年高科技企业数量（家）	2017 年高科技企业数量（家）	2012 ~ 2015 年高科技企业数量增长率（%）	2015 ~ 2017 年高科技企业数量增长率（%）
安徽	1 198	3 212	4 310	17.21	259.77
江西	923	1 455	2 138	15.31	131.64
湖北	1 037	3 300	4 000	14.71	285.73
河南	1 176	1 226	2 270	11.52	93.03
湖南	953	2 432	3 211	6.54	236.94
山西	139	902	1 117	0.73	703.60

资料来源：《中国高技术产业统计年鉴（2017）》。

二、工业产业维度

（一）中部工业资源依赖性强，江西产业转型有待加快

图 2 - 5 以 2015 年数据为例显示了中部六省的工业产业结构和转型情况。2015 年全国资源密集型产业占比为 32.73%，山西为 78.73%、安徽为 32.01%、江西为 41.11%、河南为 37.73%、湖北为 26.68%、湖南为 32.38%。全国劳动密集型产业占比为 33.74%、山西为 10.36%、安徽为 32.72%、江西为 34.03%、河南为 35.51%、湖北为 42.09%、湖南为

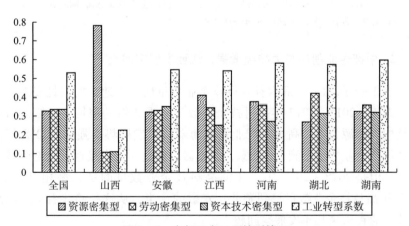

图 2 - 5 中部六省工业转型情况

35.83%。全国资本技术密集型产业占比为33.53%、山西为10.91%、安徽为35.27%、江西为24.87%、河南为26.77%、湖北为31.23%、湖南为31.79%。比较发现，江西工业主营业务收入中，高于41%是由资源密集型产业支撑，这一比例高于全国平均水平，在中部六省中也仅低于产煤大省山西。因此，江西工业发展对资源密集型产业的依赖性仍然较强。

从工业转型系数看，全国为0.535、山西为0.222、安徽为0.548、江西为0.542、河南为0.588、湖北为0.574、湖南为0.599。尽管江西的工业转型系数高于全国平均水平，但是在中部六省中处于第五位，仅高于山西，表明江西工业转型速度在中部地区仍然较慢。因此，在未来工业发展中，需要进一步降低对资源密集型行业的依赖，加快产业转型升级。

（二）中部产业整合能力增强，江西稍显落后

与中部其他五省相比，在纵向并购方面，江西并购数量排在第二位，交易金额排在第五位；在横向并购方面，并购数量排在第五位，交易金额排在第六位。江西企业对横向并购的运用和接收度与中部其他省还存在较大差距，需要进一步提升企业利用并购实现产业整合的能力。

（三）中部高新技术产业蓬勃发展，江西追赶压力大

1. 中部高新技术产业蓬勃发展，江西增速平稳

2018年上半年，江西高新技术产业增加值增长11.3%，占规模以上工业的33.01%；湖南科技创新驱动力增强，全省高新技术产业增加值增长9.8%；河南高新技术产业保持较快增长，全省规模以上工业中高新技术产业增加值增长11.4%，高于全省规模以上工业增速3.7个百分点；湖北高技术制造业增加值增长13.2%，高于全省规模以上工业增速5.4个百分点，对全省工业增长的贡献率达13.7%；安徽高新技术产业增加值增长15.1%，高于全省规模以上工业增速5.5个百分点。相较之下，江西高新技术产业增加值增速处于中部中间水平。[①]

2. 中部战略性新兴产业增速明显，安徽领跑

2017年江西战略性新兴产业增加值增长11.7%，占规模以上工业的

① 本段原始数据源自各省统计局网站。

15.5%；河南战略性新兴产业增加值增长 12.1%，对全省工业增长的贡献率为 16.0%，支撑作用明显；安徽战略性新兴产业产值增长 22%，产值占比为 24.6%，且 24 个战略性新兴产业集聚发展基地的工业总产值增长 23.6%，高于全部规模以上工业产值增幅 8.2 个百分点；山西战略性新兴产业增加值增长 10%，高于全省规模以上工业增速 0.8 个百分点，占全省工业的比重达 8.7%；湖南仓储业、互联网和相关服务业等新兴服务业继续保持 20% 以上的增速，汽车制造、电子信息和通用设备制造业等三大行业分别增长 44.8%、18.3% 和 16.9%，新兴产业引领增长。相较之下，安徽战略性新兴产业发展的速度和质量均在中部领跑。[①]

（四）中部工业竞争加剧，江西产业竞争力有待提升

1. 中部工业产业市场竞争力提升显著，江西发展实力有待增强

从综合排名的结果来看，河南省由于经济规模较大、工业基础较为雄厚，在产业规模、产业效益上均具有很大优势，诸多工业产业发展领先，工业发展总体实力位于中部首位；湖北、湖南组成中部工业队伍中的第二梯队，两者整体实力相当，各有优势，在产业发展过程中注重效益提升，在优势产业的发展上与省内企业较强的资产利用能力以及技术创新能力密不可分；安徽和江西组成第三梯队，江西工业规模、经济总量偏小的局面依然没有改变，安徽区域产业发展差异较大，虽然电气机械及器材工业位于中部之首，但其他产业发展水平参差不齐；山西排在末位，这同其资源型的产业发展路径有着较大关系，山西长期以煤炭等矿产资源开发为主，集中于产业链的上中游阶段，产业结构有待转型，并且受环境制约、资源紧缺等因素影响，工业竞争力较弱，同中部其他省份存在较大差距。

2. 中部工业产业竞争加剧，江西工业结构有待转型升级

中部六省在产业布局尤其是主导产业布局上具有较高的重合度，集中表现在食品加工业、纺织业、化学原料及化学制品制造业、医药制造业、电气机械及器材制造业、计算机及其他电子设备制造业等产业。江西在整个中部工业产业处于中等偏下的水平，表 2 - 6 所示，江西在有色

---

① 本段原始数据源自各省 2017 年国民经济与社会发展统计公报。

金属冶炼和压延加工业、化学原料和化学制品制造业、非金属矿物制品业以及电气机械和器材制造业等传统和资源密集型行业发展上具有优势，而在汽车制造业、计算机、通信和其他电子设备制造业、化学原料和化学制品制造业以及医药制造业等技术密集型产业发展上区域竞争力较弱。

表 2 - 6　　　　　　　　中部六省工业产业竞争力排名

	一	二	三	四	五	六
食品加工业	河南	湖南	湖北	安徽	江西	山西
纺织业	河南	湖北	江西	安徽	湖南	山西
化学原料及化学制品制造业	湖南	河南	湖北	江西	安徽	山西
医药制造业	河南	湖南	江西	湖北	安徽	山西
非金属矿物制品业	河南	安徽	湖北	湖南	江西	山西
黑色金属冶炼及压延加工业	湖北	安徽	河南	山西	湖南	江西
有色金属冶炼及压延加工业	湖南	江西	河南	安徽	湖北	山西
电气机械及器材制造业	安徽	湖北	河南	江西	湖南	山西
通信设备、计算机及其他电子设备制造业	湖北	湖南	安徽	江西	河南	山西

（五）中部产业集群加速发展，江西产业集群带动能力较弱

江西无论是产业集群总量还是单个体量都偏小，产业辐射力、影响力和带动力不强。表 2 - 7 所示，江西只有 1 个千亿元产业集群，过百亿的产业集群只有 55 个，而山东省 204 个、江苏省 154 个、河北省 78 个、浙江省 72 个，相比之下差距较大。首先，江西省产业集群发展起步于乡镇企业，其中轻工纺织、普通机械加工、农副产品加工等资源依赖型和劳动密集型传统产业占多数，新兴产业、高新技术领域集群数量少、规模小。其次，江西部分产业集群内企业处于产业链中低端，上游研发设计水平不高、创新能力不强，下游品牌影响力和价值延伸能力均不足，整体附加值不高，自主创新能力较弱，生产工艺、设备和技术水平相对

落后。此外，江西多数集群缺乏在国内具有较大影响力和核心竞争力的领军型龙头企业，特别是缺少能形成产业链、拥有核心技术的龙头企业，以及有带动效应的大项目。

表 2 - 7　　　　2016 年中部各省及工业大省的产业集群数目及规模　　　单位：个

省份	万亿元产业	千亿元产业	500 亿~1 000 亿元产业	100 亿~500 亿元	100 亿元以上
江西	0	1	4	50	55
湖北	0	17			
安徽	0	0			22
湖南	1	11			
山西	0	0			
河南		16			145
山东					204
江苏					154
河北					78
浙江					72

资料来源：中商产业研究院数据库。

（六）中部产业结构持续优化，江西产业转型相对滞后

1. 江西工业化阶段在中部六省中相对滞后

当前中部地区整体处于工业化后期的前半阶段，而江西还处于工业化中期的后半阶段向工业化后期的前半阶段跨越的时期。2017 年江西第一产业占比 9.4%，第二产业占比 47.9%，第三产业占比 42.7%，人口城镇化率处于 50%~60%，第一产业就业人员比重在 30%~45%。而同期我国已全面进入工业化后期后半阶段，湖北、湖南、安徽、河南四省均处于工业化后期的前半阶段，山西处于工业化中期后半阶段。从工业化水平横向比较位次来看，江西与安徽工业化水平较为接近，分别位居中部的第五和第四位，较全国总体、湖南、湖北、河南工业化进程略慢（见表 2 - 8）。

表 2-8　　　　　中部六省和全国的工业化进程相关指标　　　　单位：%

地区	第一产业比重		第二产业比重		第三产业比重		人口城镇化率		第一产业就业人员比重	
	2017 年	2016 年	2017 年	2016 年	2017 年	2016 年	2017 年	2016 年	2017 年	2016 年
全国	7.9	8.6	40.5	39.9	51.6	51.6	58.52	53.4	27.3	27.7
江西	9.4	10.3	47.9	47.7	42.7	42.0	54.6	53.1	29.9	30.05
河南	9.3	9.6	47.9	47.7	42.2	42.7	50.16	51.2	38.4	38.7
山西	5.2	6.1	41.3	38.1	53.5	55.8	57.34	56.21	31.1	9.43
安徽	9.5	10.6	49	48.4	41.5	41	53.5	52	30.5	31.7
湖北	10.3	10.8	44.5	44.5	45.2	44.0	59.3	58.1	—	—
湖南	10.7	11.5	40.9	42.2	48.4	46.3	54.62	52.75	—	—

资料来源：《中国统计年鉴（2018）》《中国统计年鉴（2017）》。

2. 江西与整个中部地区都面临工业结构优化问题

由于长期以来承担着全国粮食、能源原材料的生产和供给任务，中部地区形成了以农业、能源、原材料工业为主的产业结构以及资源开发粗加工为主的偏重型工业结构，这使得中部地区整体第三产业比重低于全国水平，第一、第二产业比重高于全国水平，一定程度上影响了中部整体经济的质量和效益。但第三产业对中部地区经济增长的贡献率较高，2017 年中部六省第三产业对经济增长贡献率从高到低依次为湖南、山西、湖北、河南、安徽、江西。其中，湖南、山西、湖北、河南第三产业对经济增长贡献率超过 50%。第三产业成为中部大部分省份经济发展的主要驱动力。

三、工业园区维度

（一）中部园区功能不断提升，江西有待进一步开发

1. 中部园区发展水平不断提高，江西园区发展潜力需进一步激活

截至 2018 年全国共有国家级经济开发区 219 家，其中中部共有 50 家；国家级高新区 156 家，其中中部共有 38 家。中部六省无论在开发区数量还是发展水平上均存在不均衡的问题。2018 年江西共有 17 家国家级

开发区，其中经开区 10 家，高新区 7 家，从国家级园区数量来看，江西与安徽并列中部第一。但江西工业园区聚集的大企业大项目数量偏少，低小散的现象突出，经济总量不够大，软件、硬件配套基础设施不够强。据统计，江西省只有南昌高新区、经开区、小蓝经开区和九江经开区等 4 个开发区主营业务收入过千亿元，但仍不到武汉经开区的 1/3，与长沙、合肥也相差较远，全省年主营业务收入不足百亿元的园区占比近两成。因此，进一步提升园区发展水平，激活园区发展潜力，促进园区转型升级是工业增长的迫切需要，也是提升产业整体实力和经济综合竞争力的关键举措，更是工业强省的长远之策。

2. 江西距离全国高新技术园区平均发展水平存在较大差距

表 2-9 所示，在国家级高新技术园区层面，江西省园区在工商注册企业数、入统企业数、高新技术企业数、高新技术企业占入统企业的比例和园区平均总产值上均低于全国平均水平，江西高新技术园区功能还需要进一步开发和利用。

表 2-9　　　　　　　　江西与全国高新区总体情况对比表

指标	全国		江西	
	总量	平均值	总量	平均值
高新区数（个）	146	—	7	—
工商注册企业数（个）	964 750	6 608	11 237	1 605
入统企业数（个）	82 712	567	1 263	180
入统企业占比（%）	8.57	—	11.24	—
高新技术企业数（个）	31 160	213	260	37
高新技术企业占比（%）	37.67	—	20.59	—
工业总产值（亿元）	186 018.28	1 274.10	4 881.27	697.32

资料来源：科学技术部火炬高技术产业开发中心网站（http://www.chinatorch.org.cn/）。

（二）中部园区发展态势较好，江西需强化平台支撑

1. 中部工业园区发展态势较好，江西园区发展与湖南持平

2017 年末江西省工业园区实际开发面积 628.2 平方公里，完成基础设施投入 1 139.3 亿元，增长 59.1%；园区内投产工业企业 11 423 户，实现销售产值 29 479.2 亿元，实现出口交货值 2 188.8 亿元；园区实现主营业务收入 28 749.4 亿元，利润总额 2 155.7 亿元，工业增加值同比增长 9.3%。2017 年，江西主营业务收入过百亿的工业园区共有 72 个，其中超 500 亿元的园区 19 个，比上年增加 1 个。南昌高新技术产业开发区继续领跑，南昌经济技术开发区、九江经济技术开发区、南昌小蓝经济技术开发区分列千亿园区二、三、四位。湖南省级及以上产业园区规模工业增加值总额 7 610.17 亿元，同比增长 10.3%，增速比上年加快 0.9 个百分点，增加值在规模以上工业的占比为 69.7%，比上年提高 4.0 个百分点。湖南主营业务收入过 500 亿元的园区同为 19 家，与江西持平；超千亿元的同为 4 家，分别为长沙经济技术开发区、长沙高新技术产业开发区、浏阳经济技术开发区和株洲高新技术产业开发区；超百亿元的园区 24 家，比上年增加 1 家。①

2. 园区对江西经济增长贡献大，但缺乏平台支撑

2018 年 1~11 月，江西所有园区规模以上企业的增加值达到了 141.3 亿元，同比增长 55.5%，园区增长绝对量占全省总增长量的 25.8%。工业园区的工业增加值比去年同期提高了 10.2 个百分点，增速是全省均速的 2.1 倍。河南连续获批了郑州航空港经济综合实验区、中国（河南）自由贸易试验区、跨境电子商务综合试验区等一系列国家战略规划和平台，让更多的高新技术产业、优秀管理人才、国际先进技术落户河南，为河南民营企业发展注入了活力。与河南等工业园区平台建设相比，江西园区发展缺乏平台支撑。

四、城市引领维度

（一）中部省会城市中南昌工业规模较小，但增长势头强劲

南昌作为江西省会城市，无论是经济总量还是工业产值均在中部六省省会城市中长期居后。仅从 2017 年 1~10 月中部六省省会城市主要经济指标完成情况来看，武汉工业生产总值为 9 397.2 亿元，排中部地区第一；长沙 7 478.7 亿元，排中部地区第二；郑州 6 535.7 亿元，排中部地

---

① 本段原始数据源自江西省工业和信息化厅网站（http://www.jxciit.gov.cn/）、湖南省工业和信息化厅网站（http://gxt.hunan.gov.cn/）。

区第三；合肥 5 024.7 亿元，排中部地区第四；南昌 3 518.9 亿元，排中部地区第五；太原 2 342.3 亿元，排中部地区第六。但从规模以上工业增加值增速来看，南昌以 9.5% 的增长率排在中部第一；合肥增长率 8.8%，排中部第二；长沙增长率 8%，排中部第三；其余郑州、武汉、太原三个城市规模以上工业增加值增长率都在 8% 以下。[①]

　　总体来看作为江西的首位城市，南昌不仅在中部省会城市的工业经济竞争中滞后，相较部分非省会城市而言优势和地位仍然不突出。表 2 - 10 所示，湖南长沙、安徽合肥规模以上工业企业数分别位列中部主要城市第一和第二，江西赣州位列第 5、九江第 8、宜春第 10，而南昌则位列第 11 位。从规模以上工业企业主营业收入来看，长沙、合肥和南昌分别位列前三，安徽芜湖、江西九江、湖南岳阳、江西宜春、江西鹰潭、江西赣州和江西上饶分别位列前 4 ~ 10 位。可见在主营收入前 10 的城市中，江西占据 6 个，优势较为突出。

表 2 - 10　　　　　2017 年湘赣皖城市规模以上工业企业发展比较

排名	规模以上工业企业数（个）		规模以上工业企业主营收入（亿元）	
1	湖南长沙	2 889	湖南长沙	10 501
2	安徽合肥	2 257	安徽合肥	8 691
3	安徽芜湖	1 962	江西南昌	6 223
4	安徽阜阳	1 743	安徽芜湖	5 986
5	江西赣州	1 721	江西九江	5 603
6	安徽安庆	1 716	湖南岳阳	4 490
7	湖南株洲	1 658	江西宜春	4 414
8	江西九江	1 607	江西鹰潭	3 736
9	安徽滁州	1 537	江西赣州	3 670
10	江西宜春	1 529	江西上饶	3 513
11	江西南昌	1 473	湖南湘潭	3 481
12	安徽宣城	1 438	安徽铜陵	3 403
13	江西吉安	1 318	安徽滁州	3 173
14	江西上饶	1 291	江西吉安	3 144

---

①　本段原始数据源自各市统计局网站。

续表

排名	规模以上工业企业数（个）		规模以上工业企业主营收入（亿元）	
15	安徽宿州	1 272	湖南株洲	3 123
16	湖南邵阳	1 256	安徽马鞍山	2 984
17	湖南岳阳	1 188	湖南郴州	2 935
18	湖南常德	1 166	安徽安庆	2 897
19	安徽蚌埠	1 115	湖南常德	2 805
20	湖南衡阳	1 098	安徽蚌埠	2 720
21	湖南益阳	1 079	安徽淮北	2 512
22	湖南郴州	1 076	安徽阜阳	2 340
23	安徽马鞍山	1 054	湖南益阳	2 256
24	江西抚州	994	湖南衡阳	2 183
25	湖南湘潭	970	湖南邵阳	2 171
26	湖南永州	957	湖南娄底	2 048
27	安徽六安	914	安徽宣城	1 861
28	安徽亳州	880	安徽宿州	1 795
29	湖南娄底	794	江西新余	1 508
30	安徽淮北	738	江西抚州	1 448
31	江西萍乡	707	湖南永州	1 445
32	湖南怀化	630	安徽六安	1 312
33	安徽淮南	609	江西萍乡	1 203
34	安徽池州	580	江西景德镇	1 117
35	安徽铜陵	540	安徽淮南	1 070
36	安徽黄山	528	安徽亳州	1 000
37	江西新余	452	湖南怀化	984
38	江西景德镇	337	安徽池州	768
39	江西鹰潭	305	安徽黄山	592
40	湖南湘西	242	湖南湘西	266
41	湖南张家界	213	湖南张家界	141

资料来源：南昌大学中国中部经济社会发展研究中心网站（http：//ccced. ncu. edu. cn/）。

（二）南昌主导产业与合肥和长沙发展差距明显

近年南昌不断做大做强四大战略性新兴产业，改造提升四大优势传统产业。2018 年南昌八大主导产业实现主营业务收入约 5 200 亿元，增长率约为 17%。特别是移动智能终端企业落户超 50 家，产业链集聚度达到 90% 以上，产能排名全国第三，LED 产业在全国率先形成上中下游完整产业链。南昌产业集约化、集群化、集聚化发展初见成效。但与长沙和合肥主导产业发展比较来看，长沙的先进制造业及合肥的智能制造业产业规模更大、发展态势更好，引领作用更强。

五、工业政策维度

（一）湖南：发展先进制造业的制造强省之路

改革开放 40 年湖南工业发展具有鲜明的路径特色，即发展先进制造业的制造强省之路，通过不断推进工业改革和制度创新，大力实施"制造强省"战略。2017 年，湖南规模工业中制造业增加值占全部规模工业增加值的 91.2%，制造业的整体规模近万亿元大关。其中，轨道交通和装备制造业异军突起，成为湖南工业制造两张名片。以中车株机、三一重工、中联重科、铁建重工为领头军的制造湘军带动上下游产业共同发展，逐步成为产品品种门类最齐全、知名企业聚集数量最多，集中度最高的产业集群。2017 年，轨道交通设备制造行业实现主营业务收入 722.14 亿元，占全省规模工业主营业务收入的 1.8%，比 2012 年提高 1.2 个百分点，以轨道交通为主的湖南铁路、船舶、航空航天和其他运输设备制造业占全国同行业主营业务收入的 5.9%，优势地位明显。湖南工业发展政策主要有：

一是"五化同步"协同发展。协同推进新型工业化、信息化、城镇化、农业现代化和绿色化，"五化"作为有机整体，以互动为本质，以融合为核心，以同步为关键，确保信息化和工业化深度融合，实现工业化和城镇化的良性互动。"五化同步"的发展路径，有效地提高了工业化和信息化融合发展水平，使得湖南产业迈向中高端水平，先进制造业加快发展，新产业新业态不断成长，服务业比重进一步提升，农业现代化取得明显进展。

二是创新引领的科技创新"1105"行动计划。湖南省"十三五"规划提出科技创新"1105"行动计划，围绕"2020 年综合创新能力显著提升，2030 年跻身全国创新型省份前列，2050 年建成科技强省"的战略目标，实施创新人才集聚、区域科技创新体系化建设、创新环境建设、科技体制改革与政策引导、科技创新基地建设等科技创新"五大战略工程"，体系化布局区域科技重大工程。在实现"小目标"的具体操作上，主要包括启动全省研发投入提升"三年行动计划"；建立科技创新联席会议制度，探索全省科技创新计划发布、组织、平台"三统一"管理等新机制；实施"科技计划经费＋"行动，设立科卫自然科学联合基金，建立"科技＋"教育、经信、农业、卫生等方向的工作机制；实施长株潭高层次人才聚焦工程和军民融合高端人才引进工程；深入实施企业科技创新创业团队支持计划、大学生科技创新创业菁英培育计划，开展创新创业大赛等。

三是湖南制造强省战略。2015 年 3 月李克强总理所作的政府工作报告中，首次提出实施"中国制造 2025"，加快从制造大国转向制造强国。当年，湖南在全国率先提出建设制造强省。2015 年 12 月《湖南省贯彻〈中国制造 2025〉建设制造强省 5 年行动计划（2016 ~ 2020)》发布，以智能制造为主攻方向，重点支持 12 大产业，实施 7 大专项行动，打造 4 大标志性工程。2016 年 11 月长株潭城市群成功申报"中国制造 2025"试点示范城市群。2016 年 12 月发布由湖南制造强省领导小组制定的《湖南工业新兴优势产业链行动计划》，5 年内重点主攻 20 个新兴优势产业链，并将其作为制造强省建设的"核心任务"。2017 年 9 月 20 日湖南印发《关于加快推进工业新兴优势产业链发展的意见》通知，进一步明确制造强省重点产业领域发展目标定位和重点集群、重点基地（园区）、重点企业、重点平台、重点产品，分业施策，有序推进。

（二）安徽：由智能制造引领的制造强省之路

改革开放 40 年来，安徽始终坚持把发展实体经济、振兴制造业作为全省经济发展的关键棋子，不断做大规模总量、优化产业结构、提升质量效益，工业发展取得了辉煌成就，实现了从传统农业大省向新兴工业大省的华丽转身。步入 21 世纪，安徽相继实施县域经济、轻工大省、工业强省、制造强省等重大战略，工业在国民经济发展中的主动力、主引擎作用日益增强。党的十八大以来，安徽狠抓了技术改造、智能制造、专精特新、安徽精品、工业设计、民营经济、节能环保"五个一百"等一批特色品牌工作，工业经济呈现有速度、有质量、可持续的良好发展态势。2017 年，安徽规模以上工业增加值达 1.15 万亿元，工业占 GDP 比重至 41.8%。新兴工业大省地位基本确立，安徽正在向制造强省加速迈进。同时，安徽着力做好"无中生有、有中生新"文章，大力培育以京东方 + 科大讯飞为代表的电子信息产业，力争增加值年均增长 20% 以上，产值突破 4 000 亿元，主营业务收入进入全国前 10，目前安徽已成为全国规模最大、技术水平最高的新型显示产业集聚基地，贡献了全球 20% 的智能手机液晶屏、30% 的平板电脑显示屏，工业机器人产量位居全国前列，笔记本电脑产量占全球 1/10。同时，安徽省正在抢抓数字经济发展机遇，大力培育人工智能 + 芯片产业，加快抢占产业发展制高点，"中国声谷"入园企业 350 家，2017 年营业收入突破 500 亿元，安徽工业进入高质量发展新阶段。

为推动工业高质量发展，2017 年 5 月安徽省印发《安徽省制造强省建设实施方案（2017～2021 年）》，并发布《支持制造强省建设若干政策》。规划要求到 2021 年基本确立安徽制造大省地位、基本奠定制造强省地位，围绕培育有核心竞争力的产品、培育有核心竞争力的企业、培育有核心竞争力的产业、培育有核心竞争力的基地，支持高端制造、支持智能制造、支持精品制造、支持绿色制造、支持服务型制造、支持电子信息、软件和大数据产业发展、支持企业做大做强，并强化强化金融和土地要素支撑以及相关税收优惠政策。

（三）江西相对湖南、安徽的政策支持差异

为了加速安徽工业崛起，2018 年 3 月安徽省委省政府出台《关于促进经济高质量发展的若干意见》，意见中明确提出了推进"三重一创"建设，支持 24 个现代化新兴产业重大基地、16 个重大工程、18 个重大专项建设，推动符合条件的重大工程和试验基地升级为重大基地，认定第三批重大工程和重大专项。支持新能源汽车、智能语音、集成电路、工业机器人、现代医疗和医药等产业，发展高端制造、智能制造、精品制造、绿色制造、服务型制造等先进制造业，促进量子及前沿技术等科技成果转化和产业化。支持实施新一轮人工智能产业体系构建工程，加快发展智能芯片、智能终端等制造业，大力培育电子商务、大数据、云计算、数字创意、移动传播等数字经济产业集群，开展"智慧 +"应用试点示

范，抢占智慧经济发展制高点。加快创新型省份建设，支持合肥综合性国家科学中心、合肥滨湖科技城、合芜蚌国家自主创新示范区、系统推进全面创新改革试验省等"四个一"创新主平台建设。

为了加速湖南工业中部崛起，2018 年 6 月湖南省人民政府发布了《关于加快质量发展建设质量强省的实施意见》，按照"五位一体"总体布局和"四个全面"战略部署，以创新、协调、绿色、开放、共享的发展理念，围绕转型升级、环境治理、脱贫攻坚三大战役，实施创新引领开放崛起战略，提升大质量，助推大产业，服务大市场，为建设富饶美丽幸福新湖南提供质量保障。在工程机械、电子信息及新材料、石油化工、汽车及零部件等 11 个千亿元产业集群产值的基础上，提出到 2020 年在先进装备制造、新材料、文化创意、生物、新能源、信息和节能环保等 12 个重点领域和 20 个新兴优势产业链上，形成一批品牌形象突出、质量水平一流、具有湖南特色的现代企业和产业集群和新兴产业园区，打造新的经济增长极（见表 2 – 11）。

表 2 – 11　　　　安徽、湖南与江西三省工业发展规划比较

比较项	安徽	湖南	江西
对比规划	《安徽省制造强省建设实施方案（2017~2021）》	《湖南省贯彻中国制造2025 建设制造强省五年行动计划（2016~2020）》	关于深入实施工业强省战略推动工业高质量发展的若干意见
出台时间	2017 年 5 月 11 日	2015 年 11 月 23 日	2018 年 5 月 4 日
发布主体	安徽省推进制造大省和制造强省建设领导小组	湖南省人民政府	江西省委　江西省人民政府
背景	对接中国制造 2025	对接中国制造 2025	基于解决发展问题，对接高质量发展、对接制造强国、网络强国
文件性质	实施方案	行动计划	意见
总目标	2021 年制造大省地位基本确立、制造强省基本奠定	制造强省建设新突破	推动工业高质量发展

续表

比较项	安徽	湖南	江西
主要目标	到 2021 年，力争全省规模以上工业实现主营业务收入 5.5 万亿元，晋升 1 位，进入全国前 8。到 2021 年，力争全省规模以上工业实现利润总额 2 800 亿元，晋升 3 位，进入全国前 10。到 2021 年，力争全省规模以上工业企业数达到 2.7 万户，进入全国前 5	到 2020 年，12 个重点产业主营业务收入年均增长 12% 左右，带动支撑全省工业经济平稳健康发展；工业经济运行质量保持全国前列；制造业质量竞争力指数达 85，增加值率高于全国平均水平，全员劳动生产率增速达 8%	到 2020 年，规模以上工业增加值年均增幅高于全国平均水平，总量力争突破万亿元、迈进全国"万亿俱乐部"。到 2025 年，工业高质量发展取得重大突破。互联网、大数据、人工智能与制造业深度融合，智能制造、绿色制造模式广泛应用，形成若干国际先进、国内一流、行业领先的龙头骨干企业和产业集群。规模、结构、质量、效益和创新能力再上新台阶，工业数字经济比重显著提升，新的发展方式、产业结构、增长动力基本确立，现代化产业体系基本建成
发展重点	重点培育发展新一代电子信息、高端装备、智能家电、新能源汽车、新材料、节能环保、生物医药和高性能医疗器械等 7 个高端产业，改造提升冶金、化工、建材、纺织、食品加工等 5 大传统产业	先进轨道交通装备、工程机械、新材料等领先优势产业不断做大做强，新一代信息技术产业、航空航天装备、节能与新能源汽车等汽车制造、电力装备、生物医药及高性能医疗器械、节能环保等比较优势产业不断加速发展，高档数控机床和机器人、海洋工程装备及高技术船舶、农业机械等潜在优势产业不断培育壮大	（1）实施新兴产业倍增工程。电子信息与新型光电、航空、生物医药及大健康、光伏、新能源汽车及锂电、移动物联网。（2）实施传统产业优化升级工程。汽车及零部件、有色金属、石油化工、钢铁、建筑材料、食品、纺织服装。（3）实施新经济新动能培育工程。工业设计、大数据与云计算、工业互联网、人工智能、打造南昌世界级 VR 产业基地

　　总体来看，江西工业赶超安徽和湖南是一个你追我赶不断动态变化的竞争过程。湖南和安徽都高度重视工业发展尤其是制造业的发展。江西在全面追赶湖南和安徽的过程中面临如下几个方面的政策支持的差距：

　　一是湖南和安徽比江西更早确立了工业立省、制造强省的"省策"。湖南、安徽长期重视工业发展，工业基础雄厚，制造强省都已写入"十三五"规划中。而江西长期以来主打生态牌，强调生态立省，对工业尤其是制造业的地位认识不足，定位不清晰动摇不定，未能及时提出制造强省、制造大省等"省策"，错过了相当多的发展机会。

　　二是湖南先进制造业、安徽智能制造的主导产业政策和路径选择相对江西更鲜明。湖南和安徽长期以来对实体经济高度重视，政策上对装备制造以及高端制造的支持更突出，相较之下江西省工业强省战略中对江西特色工业、主导工业的打造焦聚不够，政策的拳头过于分散，各地市主导产业存在较大的重叠，政策整合不够。

三是湖南和安徽对前沿和引领产业的把握相对江西更精准。安徽省《关于促进经济高质量发展的若干意见》提出支持实施新一轮人工智能产业体系构建工程，加快发展智能芯片、智能终端等制造业。湖南《关于加快质量发展建设质量强省的实施意见》提出先进装备制造、新材料等12大重点领域。相对江西在传统产业上升级和嫁接的发展思路而言，湖南和安徽更具有开拓性和原创性。

四是江西工业发展规划相对于湘皖底气不足、雄心不够，过于保守。2018年5月，江西才基于高质量发展推出工业强省战略，但战略本身落脚于工业的高质量发展而不是建设工业强省本身，相反湖南和安徽把制造强省、制造大省本身作为规划和战略目标。

（四）湖南和安徽成功经验对江西的启示与借鉴

通过对安徽、湖南以及江西三省政府在工业发展和管理服务企业的政策比较，安徽和湖南许多做法值得江西学习和借鉴。具体可概括为政府帮扶企业发展中的"五个强调"：

一是强调精准帮扶，要求帮扶措施要"一企一策"。"一企一策"的帮扶办法重在关键节点上政府的助推和扶持，减少企业对政府特殊政策的依赖。

二是强调政府对企业的精神引导和价值引领。帮助企业树立国际化视野，助推企业站在国际平台谋划企业发展，帮助企业更快更准主动把握国家政策和产业变更新趋势。为此，江西企业要"跳出江西看政策，迈出国门寻市场"，而不是局限于省内政策环境和市场。

三是强调对市场规律的敬畏，增强企业适应市场的创新能力。江西需要以市场为导向，以消费者为导向，尊重市场变化规律，加强企业内部管理、技术和营销模式的创新。

四是强调企业对现代先进技术的嫁接和运用能力。加快利用现代的先进技术和现代的发展方式去改造、升级传统企业，让传统企业变成新经济和新动能。

五是强调配套能力建设。对草根经济及其园区要加强公共设施建设，对大进大出的企业更注重规模经济的配套。

第二节　中部工业发展差距：江西与安徽、湖南的发展差距

一、企业层面的发展差距

（一）江西规模以上工业企业数量相较湖南和安徽差距巨大

江西规模以上工业企业数排中部第五位，比安徽、湖南均少了近4 000家规模以上工业企业数。虽然重点企业排名江西有江西铜业集团排中部地区第一，领先于安徽、湖南的有色金属相关重点企业，汽车、食品、医药、电子信息产业的重点企业数，江西与安徽、湖南不相上下。但从企业发展后劲来看，江西主营业务收入过千亿元、过百亿元、过50亿元的企业数与安徽、湖南差距较大，尤其是过千亿元和百亿元的企业数只有安徽、湖南的1/2。

（二）江西上市企业数量及上市企业发展相较湖南和安徽差距显著

江西上市企业数和市值均排在中部的末位。2017年江西与安徽、湖南相比，上市企业数量只有安徽、湖南的1/2，上市企业市值排在中部六省最后一位。截至2018年11月底，中部六省A股上市公司共464家。其中，安徽数量最多为106家，市值总量也最大，为1.30万亿元；湖南A股上市公司数量为102家，市值为8 265.19亿元；山西上市公司数量最少为39家，市值5 923.43亿元；江西A股企业数量仅比山西多1家，为40家，市值是中部六省最少，约3 933.20亿元。

（三）江西高科技企业数量及高科技企业发展相较湖南和安徽差距较大

江西高科技企业数在中部排第五位，只有安徽的1/2，湖南的2/3。从高新技术产业发展来看，2018年1~6月，江西高新技术产业增加值增长11.3%，同比提高仅1.31个百分点；湖南高新技术产业增加值增长19.8%；安徽高新技术产业增加值增长15.1%，同比提高5.5个百分点。

数据表明，江西在中部崛起实现赶超的"主力军"后劲不足，亟待"小升规""规转股""股上市"。

二、产业层面的发展差距

（一）江西主导和重点工业领域相较湖南和安徽先导性不强

中部各省产业发展政策密集出台，湖南提出优先发展先进装备制造、新材料、文化创意、生物、新能源、信息和节能环保等12大重点领域和20个新兴优势产业链；安徽提出支持新能源汽车、智能语音、集成电路、工业机器人、现代医疗和医药等产业，发展高端制造、智能制造、精品制造、绿色制造、服务型制造等先进制造业，促进量子及前沿技术等科技成果转化和产业化。相较之下，江西重视传统产业的转型升级和优势产业的培育发展，对前沿产业的把握不足。

（二）江西工业的资源型经济依赖性相较湖南和安徽更强

江西主导产业大多是立足本土矿产等自然资源，尤其是有色金属以及材料等相关产业对资源倚重较多。安徽资源型产业占比为32.01%，湖南资源型产业占比为32.38%，而江西资源型产业占比达41%，高于安徽、湖南约9个百分点。2017年江西的77个产业集群大多以资源密集型、劳动密集型传统产业为主，其中1个千亿元、4个500亿元的产业集群均为传统产业，而传统产业更局限于土地、劳动力等要素制约，产业集群的成长空间受限。

（三）江西高新技术和新兴产业的科教支撑相较湖南和安徽更弱

与安徽、湖南相比，江西高新技术产业和战略性新兴产业没有明显优势，安徽依托中国科技大学、合肥工业大学等名牌高校，科研转化成效显著，工业机器人、智能制造在全国拥有一定的地位。

三、工业园区层面的发展差距

（一）江西国家级工业园区相较湖南和安徽发展排名相对靠后

据2018年12月国家工信部赛迪研究院发布的中国产业园区竞争力

100 强排名，江西南昌高新技术产业开发区仅排在全国高新技术产业开发区第 28 名，而合肥高新技术产业开发区却排全国第 5 名，长沙高新技术产业开发区排全国第 10 名。近 3 年江西高新技术产业开发区的排名与安徽和湖南相比差距一直在拉大。另从商务部公布的 2018 年国家级经开区考核评价综合排名来看，合肥经开区排全国第 14 名，长沙经开区排全国第 20 名，前 30 名内没有江西的经开区位列其中。

（二）江西省级工业园区相较湖南和安徽发展差距较小

省级工业园区相比，江西主营业务收入过百亿元工业园区 72 个，其中，主营业务收入超 500 亿元的园区 19 个。省级工业园区总数量与安徽、湖南不相上下，但江西园区产业集聚效应较弱。部分工业园区主导产业不明，引进一个项目就是一个产业，一个普通的省级工业园区就有 7 ~ 8 个主导产业的现象普遍存在。各园区之间同质化竞争现象突出，产业集聚效应呈现递减趋势。

四、城市引领层面的发展差距

江西、安徽、湖南三省省会城市主导产业相近，产业规模相差不大，甚至江西南昌市在增速上还略超过湖南省长沙市，但增长潜力各不相同。合肥市重点打造智能语音、集成电路、工业机器人等高端制造产业；长沙市则立足于先进装备制造；而南昌市只有食品、汽车、电子信息、医药、服装等产业作为支撑，发展的潜力与合肥市、长沙市存在差距。

第三节　江西工业对标安徽、湖南的优势与抓手

一、江西对标湖南、安徽的潜力与优势

（一）发展态势可喜、筑就中部崛起新优势

1. 经济持续健康发展，经济增速位居全国"第一方阵"

2018 年，江西主要经济指标增速继续位居全国前列，三次产业结构由 9.2∶48.1∶42.7 调整为 8.6∶46.6∶44.8，GDP 增长 8.7%，增速位列全

国第四、中部第一。其中，电子设备制造业增加值增长 27.3%，电气机械和器材制造业增长 15.3%，电力、热力生产和供应业增长 13.0%，有色金属冶炼和压延加工业增长 12.7%。[①]

2. 改革试验日显成效，生态文明建设形成"江西经验"

目前，江西作为首批国家生态文明试验区，率先开展生态文明体制改革试验，38 项重点改革任务完成 30 项，成为全国唯一"国家森林城市"设区市全覆盖的省份，全省林下经济总产值达 1 533 亿元。其中，南昌滕王阁 2018 年成功创建国家 5A 级旅游景区，江西 5A 级景区数量达 11 个，位列全国第 7；萍乡海绵城市建设、景德镇"城市双修"获得国务院通报表扬；赣州等多地生态治理形成了"江西经验"。[②]

3. 双向开放连通世界，江西开放型经济跨越式发展

改革开放 40 年来，江西开放型经济实现跨越发展，主要指标总量居全国第 13 位，多项指标增速跃居全国前 10 位；个体私营企业占全省市场主体的比重达 94.2%。2018 年第一季度，江西新设外商投资企业122 家，实际使用外资 31.4 亿美元，总量居全国第 10 位，增幅列中部六省之首。

（二）重点企业江西排名靠前

1. 江西铜业集团已连续 5 年进入世界 500 强榜单

江西铜业 2017 年排名世界 500 强的第 339 名，年主营业务收入 2 050亿元，排在中部六省首位，大幅领先于同行业企业，例如安徽铜陵有色金属集团和湖南五矿有色金属集团主营业务收入分别为 1 453 亿元和1 263 亿元。而江西汽车、食品、医药、电子信息产业的重点企业数与安徽、湖南不相上下。

2. 50 亿~100 亿元重点企业数江西与安徽、湖南持平

2017 年江西主营业务收入 50 亿元至 100 亿元的企业数 27 家，这一数字与安徽 32 家、湖南 25 家基本持平。自 2018 年 4 月江西发起了"映

---

① 本段原始数据源自《江西统计年鉴（2018）》《江西统计年鉴（2019）》。
② 本段原始数据源自江西省文化和旅游厅网站（http：//dct.jiangxi.gov.cn/）。

山红"行动，截至 2018 年底共遴选了 231 家上市预备企业，未来几年将有更多的江西企业通过上市融资扩大生产规模，江西工业 50 亿元以上的重点企业将翻倍涌出。

（三）一批根植性强的产业在中部领跑

江西航空、新材料、锂电及新能源产业发展较为迅速。与安徽、湖南相比，江西目前已经形成航空、新能源汽车、光伏、锂电等一批领跑中部的优势产业。首先，江西作为新中国航空工业的摇篮，是中国唯一同时拥有旋翼机和固定翼机飞机研发生产能力的省份，江西在 C919 飞机制造中已占据了 25% 的份额；其次，江西光伏产业规模一直位于国内前列，其中上饶的晶科能源入围中国制造十佳，江西锂电新能源产业也正成为全国的"锂芯"。此外，江西军民融合产业目前排全国第七位，中部第一位。这些领跑产业都具有江西固有的产业基础，有很强的地域根植性。

二、江西工业发展赶超安徽、湖南的抓手

（一）抓企业梯队建设，促进企业成长排除企业成长路径障碍

江西企业成长路径强调"众创业、个升企、企入规、规转股、扶上市、育龙头、聚集群"，是江西企业做大做强做优赶超安徽、湖南，实现中部崛起的实现路径。当前紧迫要解决的是分步骤、分层次、分阶段将挡在企业成长路径上的"绊脚石"逐一清除。一是"众创业"，最急迫解决的是创业空间不足问题。需要从深挖废弃或淘汰落后的大型厂房、商业地产等入手，盘活土地用途空间，解决各市、县（区）创新创业基地和返乡创业产业园空间不足问题。二是"个升企、企入规"，最重要的是解决企业发展壮大问题。要排除小企业对"升企、入规"的担忧，对"升企、入规"之前不很合规的会计账目不予追究，对"升企、入规"后对企业带来的"好处"要宣传到位。三是"规转股、扶上市"，首要解决的是企业治理问题。要从增强企业发展动力、竞争力、管理提升、创新驱动等方面来推动企业加强公司治理，促使本省企业尽快适应现代企业管理制度。四是"育龙头、聚集群"，这是赶超安徽、湖南最关键一环。江西与安徽、湖南企业最核心的差距是千亿元企业、百亿元企业

少，要紧盯江西目前主营业务收入在 50 亿元以上企业的进位。江西主营业务收入 50 亿～100 亿元的企业数与安徽、湖南总数相当，但多数聚集在有色、石化、钢铁、建材、纺织、食品、家具、船舶八大传统产业，要培育和提升传统产业的龙头企业，以龙头企业带动传统产业集群式发展。

（二）抓产业升级与改造，重点是传统产业创新和智能化改造

江西工业基本呈现"721"的格局，即 70% 以上为传统产业，20% 为战略新兴产业，10% 不到为新经济、新动能产业。近几年江西传统产业的比重已超过湖南和安徽，传统产业能否优化升级是江西实现中部崛起的关键所在。为此，一要紧抓传统产业的协同创新发展。尽管近几年江西企业科技创新意识有所增强，开展 R&D 的企业数量和参与 R&D 活动的人员有所上升，但规模以上企业 R&D 人员和支出却呈下降态势。江西要努力将 R&D 比例提升到 1.5% 以上；要支持企业创建国家级企业技术中心和各级园区建设中小企业公共服务平台，提高对传统产业发展的共性技术的协同创新和攻关能力。二要紧抓传统产业智能化改造。全省要分阶段稳步推动各传统产业的智能化改造。如樟树金属家具产业的传统保险箱通过嫁接智能化改造成为智能家居。要鼓励有条件的园区在全国率先推进一批智能制造单元、智能制造车间、智能制造工厂，将来新入园企业智能化指标将是最重要的考核指标，江西 2018 年确定的八大传统产业优化升级的试点市县也要把传统产业智能化改造作为最为关键指标进行考核，为全省传统产业转型升级做出表率。

（三）抓工业园区建设，促进园区高质量跨越式发展

1. 国家级园区要抢占新兴产业制高点

在中部省份工业竞争中，战略性新兴产业倍增将发挥不可替代的作用，战略性新兴产业代表着未来、代表着先进制造业。江西 19 个国家级园区要紧盯既定的总体规模倍增、龙头企业倍增、示范基地倍增 3 个倍增目标做文章。江西优势产业包含电子信息、航空产业等，需要大力支持使其继续领跑中部；潜力产业包含锂电及新能源汽车、新材料等，需要对标安徽和湖南实现加速追赶。

2. 省级园区要围绕首位产业对标学习

江西省级园区的很多首位产业或主导产业是前几年承接沿海产业转移过来的产业，对"产业相近、企业相亲"的省级园区，各地市县（区）主要领导要亲自带队组织走访沿海产业园，取真经、学实招，将最先进的理念、管理经验和生产技术引进园区和企业。

第三章

中部地区工业竞争力评价

　　工业是立国之本、兴国之器。自中部地区崛起政策推出后，中部工业实现了显著增长，工业增加值从 2006 年的 18 135.90 亿元增长至 2017 年的 67 869.20 亿元，增长近 3 倍，历年环比年均增长率达 12.7%，在全国占据越来越重要的地位。在高质量发展和步入制造强国的关键阶段，中部地区迎来了引领我国经济增长实现加速崛起的新时期，2019 年 5 月 21 日，习近平总书记在南昌市召开的推动中部地区崛起工作座谈会中要求"中部地区应该积极主动融入国家战略，推动高质量发展，增强综合实力和竞争力，开创中部崛起新局面"，而工业竞争力正是一个区域竞争力和地位的核心体现。因此，面对重要的经济发展机遇，中部地区应该从工业入手谋进步、促崛起，在把握工业竞争力现状的基础上找到发展亮点、问题及突破口，进而提出具有针对性的政策建议，推动中部高质量工业建设、建立健全现代化经济体系，为国家中部崛起战略服务。

　　竞争力的概念始于 20 世纪 80 年代关于国际竞争力的研究。世界经济论坛（WEF）和洛桑国际管理发展学院（IMD）均将竞争力看作是一个综合的概念，认为其是由企业内部效率和外部环境两个方面相互联系和补充形成的能力，并强调了其中国家增加财富获取和提高收入的能力。而美国经济学家迈克尔波特则将国际竞争力定义为该国获得并能持续获得提升高水平竞争力的能力，其中产业创新和升级是关键。20 世纪 90 年代后期基于对国际竞争力研究的延伸，关于产业竞争力和企业竞争力的探讨开始兴起，完善了竞争力体系中的中观和微观层次，而工业竞争力正是其中重要的一部分。面向高质量发展时代，工业竞争力将更多的是一种能力与潜力的综合，其中潜力是指一个区域比竞争对象能更快速并有效地积累科技创新能力实现创新驱动和推动地区工业结构转换的力量，因而工业竞争力是指在包括发展环境等多种要素影响下，一个地区的工业潜力转换为能力最终以高技术、高效率、低能耗、低污染创造更多财富与价值的竞争实力。研究中部工业竞争力将首先从中部整体工业发展现状出发，通过东、中、西、东北四个经济区域的比较总体把握中部地区工业经济的优势与劣势，接着构建包含现阶段工业竞争实力、高质量工业竞争潜力、工业竞争环境三个方面的综合评价指标体系以及仅包含现阶段工业竞争实力的工业行业评价指标体系，评价中部六省的工业竞争力变化情况。通过竞争力评价结果分析找到中部工业发展存在的问题，实现中部六省的良性竞争和共同发展以推动中部崛起。

第一节　中部地区整体工业发展概况

中部地区包括江西、湖南、湖北、河南、山西、安徽六省。中部地区曾凭借良好的资源优势成为我国近代工业的发祥地之一，造船、钢铁等工业产业一度引领国内。但在 20 世纪 90 年代，受到东西部的发展夹击，中部工业产量全国占比逐年下降，呈现出"中部塌陷"的格局。"中部崛起"战略提出至今，中部地区顺应时代要求和国家战略导向，充分把握国内外工业发展趋势、认清自身优劣、加大政策支持力度，完成了对"中部塌陷"困境的扭转。当前中部地区以国内占比 10.7% 的陆地国土面积创造了全国 1/5 以上的工业增加值，在工业规模、效益、结构、潜力和环境五个方面形成了具有自身独特的工业发展特色。

一、工业规模：扩张速度领先，支撑力量不足

近 10 年来中部地区工业规模实力始终位于全国前列，且当前工业规模扩张速度在国内领先。针对不同历史时期不同区域的经济情况，我国先后提出了东部优先发展、西部大开发、中部崛起、振兴东北等发展战略或思想，形成了四大经济区域——中部地区（包含 6 省）、西部地区（包含 12 省、区、市）、东部地区（包含 10 省、市）、东北地区（包含 3 省）。图 3 - 1 显示了四大区域工业增加值 2008 ~ 2017 年近 10 年的发展情况，其中柱形图表示各区域平均每省工业增加值，而折线图反映了各区域工业增加值总量的年增长速度。2017 年中部地区工业增加值总量已达到 11 310.87 亿元，全国占比 24.38%，在区域发展中仅次于东部地区的 16 397.74 亿元，且二者之间的差距相较 2008 年的近两倍鸿沟有大幅的缩小，这归功于中部地区较为稳定的高速增长率。图 3 - 1 所示，中、东、

西、东北四个统计区域工业增加值的年增长率变化显示出相似的变化趋势，但中部地区增长率在四大地域中始终保持高位，2017 年更是以8.83%的高增长率超过东部领跑全国。具体来看，山西省 2017 年达到了39.10%的增长速度，遥遥领先中部其余省份，但山西省在 10 年间表现出"大起大落"的趋势，2014 年更是下跌 20.31%，工业规模扩张进程较为脆弱；江西、湖南、湖北三省在 10 年间始终保持了较为稳定的正向增长；河南和安徽省在本身工业体量较大的情况下 2017 年仍能分别达到8.27%及 8.33%的增长率。由此可见，未来中部地区工业增加值增速持续保持领先，为国内经济发展作出重大贡献的态势仍较乐观。

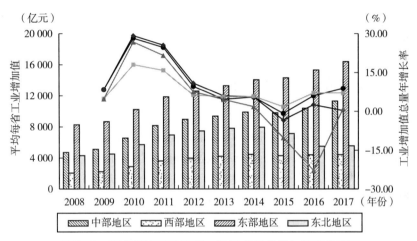

图 3-1　四大经济区域 2008~2017 年工业增加值变化情况

资料来源：各年度《中国统计年鉴》。

工业增加值是中部地区工业规模在宏观层面的结果表现，微观层面则选取了规模以上工业企业数量、大中型企业数量及其在规模企业中的占比、规模以上工业企业资产合计等指标反映中部工业规模扩张的支撑力量（见表 3-1）。首先，在绝对数上中部地区规模以上工业企业数量与东部地区相差不大，中部地区企业数的全国占比从 2011 年的 19.66%增长到 2017 年的 23.28%，同工业增加值一样实现了快速增长。其次，从表中可以看出中部地区的大中型工业企业较多，在四大区域中占比领先，高于全国平均水平，本应具备良好的竞争优势，但规模以上工业企业资产却远小于东部地区，2017 年全国占比仅 19.58%，且近几年始终维持在全国占比 19%左右的水平。可见其余地区竞争优势带来的资本积累对中部地区造成一定挤压，使其企业资产规模实力相比企业数量在竞争中稍显劣势，未来进一步扩大发展规模在一定程度上缺乏强有力的支撑。

表 3 - 1   2017 年四大经济区域工业企业情况

各指标 各省平均量	大中型工业 企业数量（个）	规模以上工业 企业数量（个）	大中型企业 占比（%）	规模以上工业 企业资产合计 （亿元）
中部地区	2 359	14 321	17.70	36 607.97
东部地区	3 405	21 882	16.91	60 284.76
西部地区	704	4 304	16.08	19 105.02
东北地区	731	5 442	13.18	23 384.71

资料来源：《中国统计年鉴（2018）》。

二、工业效益：经营能力较强，盈利能力偏弱

从工业企业各项经济效益指标的表现来看，总体而言中部地区经营能力和盈利能力均能达到全国平均水平，但比较之下盈利能力稍显不足。首先，从绝对数上看，近几年中部地区规模以上工业企业的主营业务收入和利润总额全国占比稳步提高，2017 年分别以 256 768.29 亿元、15 794.03 亿元占到全国 22.65%、21.08% 的比重，企业经营成果表现较好；其次，从资产负债率和全员劳动生产率两项指标看中部地区工业企业的经营能力，2017 年中部地区平均资产负债率为 55.29%，其中山西省杠杆较高，比率达到 74.15%，其余五省自 2011 年起资产负债率始终保持在 40%~60%，近几年更是在降杠杆的国家政策号召及本土融资渠道拓宽影响下，资产负债率有所下降，整体而言除山西省外中部地区整体财务较为灵活，企业经营维持稳定。中部地区全员劳动生产率更是优于全国平均水平，2017 年中部地区平均全员劳动生产率为每人 33.44 万元，而全国为每人 31.07 万元，表明中部地区工业企业无论是在职工管理和技能培训，还是科技升级和装备更新上都表现出成熟的企业管理水平，总体而言综合经营能力较好。但相较经营能力，中部地区工业企业的盈利能力略显不足，近几年成本费用利润率和总资产贡献率整体大幅下降，2011~2017 年两项指标平均水平分别下降 16.39% 和 28.71%，即使在全国工业企业盈利水平均有所减弱的背景下，中部地区的下降率仍突出。2017 年中部六省的成本费用利润率平均为 6.47%，其中安徽省最低为

5.78%，江西省最高为 7.54%。总资产贡献率平均为 13.24%，山西省最低为 8.1%，江西省最高为 18.3%。而江苏、福建成本费用利润率分别为 7.11%、7.55%，总资产贡献率 14.22%、14.61%，因而除江西省外中部地区整体与东部先进工业省份相比企业盈利水平差距较大。2018 年中国制造企业 500 强中，中部六省共上榜 74 家企业，而仅山东省就上榜 79 家，浙江省 77 家，可见中部地区缺乏实力强劲的龙头引领型企业。总体而言，中部工业企业综合经济效益与国内先进地区相比仍有一定差距，其中盈利能力下降严重从而落后较多，对提升企业竞争力造成了不利影响，形成阻碍亟待解决。①

在高质量发展阶段，产业集聚成为实现地区跨越式发展的重要途径，因而提高工业园区的经济效益也是各省发展的焦点之一。以国家级高新区为例，表 3-2 可见中部地区园区功能规划总体情况较好，入统企业占比在四大经济区域中领先，表现出大企业引领集聚的特点。但营业收入和净利润的平均值与东部地区相距较远，净利润相差两倍有余，同时与西部、东北部地区也并未拉开较大的差距，面临着前后夹击的竞争压力。2017 年中部地区高新区的营业净利率为 6.31%，仅略高于西部地区，利润可持续性在全国落后，因而中部地区工业园区经济效益同企业情况相似，在盈利能力上稍显不足。

表 3-2　　　2017 年四大经济区域国家高新技术产业开发区情况

国家级高新技术产业开发区主要指标	中部地区		东部地区		西部地区		东北地区	
	总量	平均值	总量	平均值	总量	平均值	总量	平均值
高新区数（个）	37	—	67	—	36	—	16	—
工商注册企业数（个）	253 961	6 864	1 137 180	16 973	362 724	10 076	98 800	6 175
入统企业数（个）	17 286	467	65 227	974	15 235	423	5 883	368
入统企业占比（%）	6.81	—	5.74	—	4.20	—	5.95	—
营业收入（亿元）	57 213.96	1 546.32	181 453.77	2 708.27	50 628.06	1 406.34	17 761.70	1 110.11
净利润（亿元）	3 609.55	97.56	13 396.21	199.94	3 114.77	86.52	1 299.90	81.24
营业净利率（%）	6.31	—	7.38	—	6.15	—	7.32	—

资料来源：《中国火炬统计年鉴（2018）》。

---

① 本段原始数据源自各省、各地区各年度统计年鉴（中国统计出版社）。

三、工业结构：资源密集主导，结构转换落后

中部地区工业发展的资源依赖性较强，按要素密集度分类的工业产业结构中，中部地区资源密集型行业占据了主导地位。表3-3所示，将工业产业分为资源、劳动、资本及技术四大要素密集型工业行业，并用规模以上工业企业资产合计和主营业务收入占全部工业的比重两项指标从规模大小和经营成果两方面反映工业结构。表中可见2016年中部地区资源和劳动密集型行业在两项指标上均超过了全国水平，而资本和技术密集型行业均小于全国水平。中部地区资源密集型行业居于主导地位，资产规模占到了全部工业的30.60%，虽然其中山西省以67.29%的占比成为主力军，但除山西省之外，安徽、江西及河南三省占比均超过了全国水平，可见整体而言中部地区依靠当地资源优势发展工业的历史路径在短期内无法完全改变。目前中部地区的产业转型升级具有一定成效，技术密集型行业的主营业务收入以29.33%的占比成为中部工业经济的主要推动力量，但与34.95%的全国水平仍有一定差距。总的来说，目前中部地区按要素密集度分类的工业结构与全国结构相异，资源密集型行业凭借强势的资产规模成为主导行业，而在结构调整下技术密集型行业成为当前收入创造的最主要来源。中部地区的工业产业结构对于人口红利逐渐消失、中美贸易竞争严重、高新技术新兴市场开启的今天具有明显的竞争劣势。

表3-3   2016年中部地区及全国按要素密集度分类工业结构

工业分类	占比（%）	全国	山西	安徽	江西	河南	湖北	湖南	中部合计
资源密集型行业	主营业务收入	21.50	60.52	21.18	31.4	21.79	17.91	22.04	24.52
	资产合计	25.11	67.29	26.04	28.73	26.79	17.98	17.68	30.60
劳动密集型行业	主营业务收入	22.69	5.68	23.29	24.42	27.71	29.92	25.33	25.34
	资产合计	15.02	2.46	14.81	19.69	21.96	17.53	17.99	16.26
资本密集型行业	主营业务收入	20.03	21.86	18.05	17.37	22.46	18.76	20.19	19.98
	资产合计	25.90	21.77	22.22	22.18	23.47	23.83	25.91	23.22
技术密集型行业	主营业务收入	34.95	11.81	35.90	26.08	27.51	32.51	31.58	29.33
	资产合计	33.09	8.40	36.11	28.81	27.05	39.75	37.94	29.28

资料来源：《中国工业统计年鉴（2017）》。

我国正处于制造大国向制造强国转型的关键时期，是否具备相应的工业结构转换能力是区域竞争的重点，但中部地区在产业布局上存在较强的重合性，整体上是以资源开发粗加工为主的偏重型工业结构，目前仍以传统制造为主。根据《中国高技术产业统计年鉴（2017）》，2016 年中部地区高技术产业企业数为 5 946 家，在全部工业企业中占比 6.71%，主营业务收入为 23 773.37 亿元，占比 9.25%，而东部地区高技术企业数和主营业务收入的占比分别为 9.22%、16.06%，西部地区分别为 6.75%、10.38%，东北地区分别为 5.99%、7.07%，可见中部地区在结构优化和产业竞争力升级上远落后于东部，同时也跟不上西部地区的发展。但中部地区高技术产业发展速度较快，2015 年主营业务收入增速为 22.46%，2016 年为 14.10%，而全国增长率自 2014~2016 年的 3 年间始终保持在接近 10% 的水平，可见中部地区高技术产业正处于蓬勃发展阶段，发展速度快于全国平均水平。同时，中部地区三次产业增加值与其对应的就业结构偏差较大，具有明显的二元结构矛盾，即大量劳动力仍滞留在第一产业，工业发展不能有效吸收和消化农村剩余劳动力，是中部实现工业结构转换的又一大问题。因此，由于中部地区长期承担了全国粮食和原材料供给任务，面对全国发展的新形势，工业结构转换能力有所落后，但工业转型的意识较强，从长期来看中部地区能有效完成工业结构的改造升级。

四、工业潜力：创新水平提升，新兴产业增长

高质量发展阶段工业潜力主要表现在创新能力、新兴产业发展能力两个方面。首先，自 2012 年党的十八大提出新型工业化以来，中部地区工业企业科技创新能力有大幅提高。图 3－2 显示了 2012~2017 年中部、东部、西部及东北地区规模以上工业企业 R&D 研究人员平均人数及平均研究经费的情况。当前中部地区工业创新在人力投入和资金投入上远不及东部地区，2017 年研究人员总量及研究经费总额分别为 769 359 人及 2 269.54 亿元，平均 128 227 人及 328.26 亿元。而东部地区总量 2 672 803 人及 8 631.48 亿元，平均 267 280 人及 863.15 亿元，相差两倍有余，追赶压力较大。但从地区总量占全国总量的比重来看，中部地区是四大经济区域中唯一占比有明显提升的区域，2012~2017 年，研究人员占比从 17.52% 增长到 19.02%，研究经费占比从 15.99% 增长到 17.85%，而东部占比却有略微的下降，一方面表明东部地区创新投入趋

于平稳；另一方面也从侧面表现出中部地区创新能力的强劲增长。从规模以上工业企业专利申请数来看，中部地区从 2012 年的 74 744 件到 2017 年的 142 627 件，增长了 90.82%，是四大经济区域中增长最快的区域，远超过全国的 66.76% 的增长率。同时，根据《中国区域创新能力评价报告（2018）》，从 2016～2018 年，在全国各省均强调创新驱动的时期，中部六省创新能力综合排名基本保持不变，湖北省甚至从第 12 名上升至第 9 名，表明中部工业创新水平的明显上升。总的来说，中部地区大力支持工业创新，即使目前与国内先进工业区域仍具有相当大的差距，但面向未来工业竞争的潜力较大。

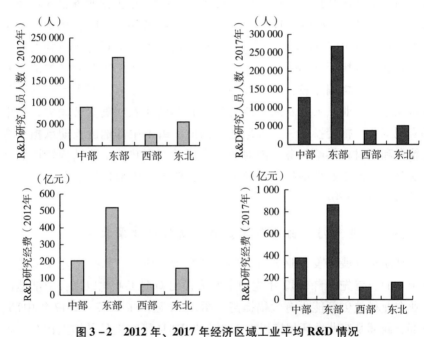

图 3 - 2　2012 年、2017 年经济区域工业平均 R&D 情况

资料来源：《中国科技统计年鉴（2013）》《中国科技统计年鉴（2018）》。

其次，国家处在重要的转型时期，新兴工业产业市场尚未定型，具有极大的开拓空间，这对于中部地区而言是一个弯道超车从而实现中部崛起的绝佳机遇，因而中部新兴产业发展速度领先于其他工业产业，增长率在全国更是属于高速水平。根据各省国民经济和社会发展统计公报，2018 年河南省战略性新兴产业增长 12.2%，在规模以上工业企业中占比 15.4%；江西省战略性新兴产业增加值增长 11.6%，比规模以上工业快

2.7 个百分点；安徽省战略性新兴产业产值增长 16.1%，在规模以上工业企业中占比 29.5%；山西省战略性新兴产业增加值增长 14.0%，在规模以上工业企业中占比 9.8%，较前年提高 0.8 个百分点；湖南省战略性新兴产业增加值增长 10.1%，占地区生产总值的比重达 9.3%；湖北省规模以上高新产业市场主体达 5 206 家，增长 13.7%，中部六省新兴产业均达到了 10% 以上的扩张速度。东部先进省份工业结构优化进度领先，新兴产业扩张也早于中部，因而目前增长有所放缓，趋于平稳。例如，福建省 2018 年工业战略性新兴产业增长 6.7%；河北省规模以上工业战略性新兴产业增加值增长 10%；江苏省战略性新兴产业产值增长 8.8%；山东省新一代信息技术制造业、新能源新材料等新兴产业实现增加值增速为 6.7%、6.0%，高于规模以上工业 1.5 个及 0.8 个百分点。综上，中部地区新兴产业虽然发展质量不及东部，但发展迅速，年增长率领先全国，在新兴工业市场的争夺上具有明显的后发优势。

五、工业环境：政策制定合理，工业环境利好

提供稳定制度支持的政策环境、提供便利贸易条件及信息化条件的基础设施环境和提供高端研发及技术岗劳动力支持的人才环境是工业发展必不可少的三大环境要素。首先，中部六省均结合本省情况和国家政策合理制定了符合自身优势和工业发展规律的规划，整体方向清晰、目标明确，为工业创造了一个有利的制度环境，细分来看，各省均有各自政策制定的方法和特色。湖南省以轨道交通和装备制造业为主导打造了"制造湘军"，在 2015 年"中国制造 2025"提出的同年 12 月就推出了《湖南省贯彻〈中国制造 2025〉建设制造强省 5 年行动计划（2016～2020）》，重点支持 12 大产业，实施 7 大专项行动，打造 4 大标志性工程，顺利对接国家战略部署，为今后的工业发展指明了道路。此外湖南省还制定了"五化同步"协同发展及科技创新"1105"行动计划等战略规划，为提高全省工业信息化、创新化提供了政策支持。可见湖南省对自身工业发展定位精准，且对国家战略的反应迅速，及时抓住了发展机会。安徽省始终坚持发展实体经济，不断优化产业结构，扩展新兴市场，实现了从传统农业大省向新兴工业大省的转变，2017 年 5 月推出了《安徽省制造强省建设实施方案（2017～2021 年)》，重点培育 7 个高端产业，改造提升 5 大传统产业，2018 年推出《支持机器人产业发展若干政策》等措施支持新兴产业和高技术产业的发展，可见安徽省政策制定重点明

确，有效把握国内产业前沿。湖北省坚持抓实体经济、抓科技创新、抓高质量发展，政策规划上偏重促进产业结构升级，工业发展向高质量、绿色化方向推进，为此先后推出了《湖北产业转型升级发展纲要（2015～2025）》《湖北长江经济带产业绿色发展专项规划》《湖北省工业经济稳增长快转型高质量发展工作方案（2018～2020 年）》等政策计划，可见湖北省稳抓工业高质量发展，围绕主线，思路清晰。河南省作为老牌工业大省，于 2014 年就推出了《先进制造业大省建设行动计划》，助力打造"百千万"亿级优势产业集群。2016 年提出了《2025 河南行动纲要》，将产业细分为重点优势、战略新兴、民生消费等五大领域。2018 年省委省政府发布了《河南省智能制造和工业互联网发展三年行动计划（2018～2020 年）》，利用 18 项政策推动实现 3 000 亿元智能装备产业规模，可见河南省在工业政策制定上步步为营，稳扎稳打。江西省绿色和资源优势明显，在产业发展道路制定上也以此为核心，2018 年发布《关于深入实施工业强省战略推动工业高质量发展的若干意见》，强调培育新兴产业和新经济新动能，并于 2019 年 2 月正式发布了《江西省"2 + 6 + N"产业高质量跨越式发展行动计划（2019～2023 年左右）》，提出了细致的目标规划，计划打造有色、电子信息 2 个万亿级产业，可见江西省能充分利用自身优势对工业发展提出针对性的政策要求。山西省目前处于中部低位，对于前沿产业的把握和国家工业趋势的对接上均有滞后性，2019 年 4 月推出《山西省推动制造业高质量发展行动方案》，力争在 2022 年底初步形成全省制造业创新生态体系，推动两化融合，同年 5 月发布了《山西省智能制造发展 2019 行动计划》，可见在落后的情况下山西省也能认清形势，计划重点突破。

其次，中部地区基础设施完善，人才储备完善，为工业发展提供了重要的支持力量。基础设施对我国区域经济发展具有正向的促进作用，完善的交通线路更是利于提高工业企业之间的贸易效率和扩张速度。中部六省所处地理位置是我国重要的交通枢纽，2017 年共拥有 28 246.63 公里的铁路营业里程，铁路密度仅略次于东部地区。根据国家铁路局发布的 2018 年中国各省高铁里程排名，安徽、湖南、河南、湖北、江西及山西省依次位于第 5、6、10、11、12 及 21 名，中部地区高铁建设的速度和完善程度都属于全国领先水平。如图 3 - 3 所示，中部地区公路密度也较高，几乎与沿海东部地区并肩，因而中部交通基础设施在全国范围来看属于较为完善的水平。同时，长途光缆密度、移动电话交换机容量密度和互联网宽带接入端口密度三项指标也显示了中部地区基础设施对于工业信息化发展的支持力度。图中可见中部地区在通信技术上的建设上远高于西部和东北地区，与东部地区在互联网建设程度上存在较大差距，有追赶压力，但就现阶段而言能满足中部工业信息化需要。

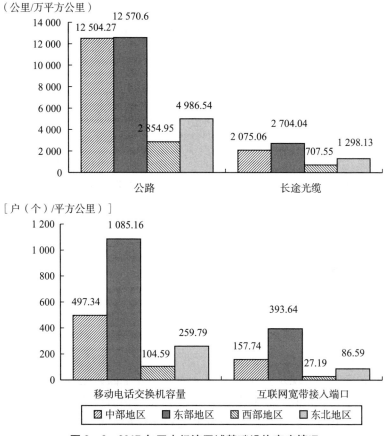

图 3 - 3　2017 年四大经济区域基础设施密度情况

资料来源：《中国统计年鉴（2018）》。

同时，2017 年中部地区以 686 所普通本、专科高校培养了应届毕（结）业生 2 061 008 人，中等职业学校（机构）毕业生 1 125 093 人，中部地区在平均高校数量和毕业生人数上均超越了东部地区，是全国重要的人才储备基地。近几年随着人才争夺战的开启，中部六省均制定了相应政策留住和吸引人才，人才流出率偏高问题有所解决。中部雄厚的人才储备能为工业企业提供充足的高端研发人才和技术岗位职工供给，利于工业经济的发展。

第二节　中部地区工业竞争力评价

整体而言，中部地区处于工业化后期的前半阶段，向上承接了东部地区的产业转移，向下承担了带动西部地区经济共同发展的任务，是我国重要的经济腹地和工业基地。当前中部六省工业发展程度各异，产业竞争激烈，各省均制定相应的政策，调整工业结构，对传统产业进行集约式绿色化改造，大力支持高新技术产业发展，以期在高质量发展阶段提升地区工业竞争力。因此，在宏观把握中部地区工业发展现状和特点的基础上，运用线性加权法从纵向综合比较和横向产业比较两个角度客观评价中部六个省份的工业竞争力，从而更精准把握中部地区未来工业发展路径，更合理提出提升中部工业竞争力、实现高质量发展的对策建议。

一、工业竞争力评价指标体系构建

（一）指标选取依据及原则

波特于1990年提出的"钻石模型"是研究产业竞争力的首要代表，其核心内涵是指决定一个国家某一产业竞争力包含生产要素、需求条件、相关和支持产业表现及企业情况四个因素，各个因素之间均具有双向作用，从而形成了类似"钻石"的体系。尽管"钻石模型"是针对国际竞争力评价提出的，但其稳固的分析框架和完整的分析体系被学术界广泛借鉴、采纳和创新沿用，适用区域企业竞争力评价的"星形模型"也是基于"钻石模型"提出的。在"星形模型"中，区域企业竞争力由贡献竞争力、规模竞争力、营运竞争力、获利竞争力及创新竞争力五个要素构成，涵盖了基础竞争力、现时竞争力和潜在竞争力三个方面的内容，五个要素相辅相成，在协同发展的条件下才能推动竞争力的提升。区域工业产业竞争力是多个因素合力作用的结果，既包括微观层次上的企业竞争力，也包括宏观层次上的产业竞争力。因此结合两个模型的优势，从竞争实力、竞争潜力、竞争环境三个方面对中部六省的工业竞争力进行全面的评价,将"钻石模型"和"星形模型"中合理的指标要素纳入其中,适当进行融合与扩展。具体的指标选取原则如下。

第一,科学性原则。指标体系需要首先具备科学性,即在充分反映工业竞争力内涵的基础上,融合高质量发展的要求和内在机制,以科学的视角选取具有明确含义和针对性的指标,按客观数据设置权重,最终形成体系。

第二,可行性原则。为确保数据可得且可比,构建指标体系时需要着重考虑可行性原则。指标选取一方面需要保证概念含义清晰、来源可靠且易得、计算公式合理以及符合经济学或管理学理论;另一方面从官方统计资料中获取数据时要确认统计指标和规则是否统一,以保障数据的可比性及客观性。

第三,定性与定量相结合原则。定量是指以客观数据来反映事实的原则,而定性是指剖析研究对象"本质"方面内容的原则。一般来说,纯数据分析的方法具有较大的局限性,往往使结论浮于表面,而纯理论的分析则缺乏有力的论据支撑。因此在构建指标体系时需要满足定性与定量相结合的原则,保证数据背后有含义、数据结果有意义。

第四,系统性和代表性相结合原则。系统性是指标体系既能全面覆盖研究对象的各个方面又具备层次性,各指标之间相互联系又相互独立。代表性是指标体系既能保证关键因素在其中起决定性作用又不因高度概括而缺失准确性和针对性。因此,选取指标需要将系统性与代表性相结合,全面准确地反映中部六省的工业竞争力状况。

(二) 指标体系构建及说明

竞争实力是指现阶段已形成的现实竞争力,宏观上包括规模实力及社会贡献两个方面,微观上包括企业运营的经济效益和市场实力两个方面;竞争潜力是指目前已投入或形成的能使区域工业产业在高质量发展阶段增强竞争优势的潜在竞争力,宏观上包括工业结构转换能力,微观上包括企业技术创新潜力及绿色发展潜力两个方面;竞争环境是指包含拥有或建成的资源或设施等在内的能提升本地工业竞争力的有利条件,宏观上包括人才、资源、基础设施及信息化支持四大方面,前三者为支撑工业发展的必要因素,而信息化条件为工业实现高质量发展的关键因素。

根据指标选取原则,从上述 11 个方面共选取了 29 个指标,能较为全面综合地反映中部六省的工业竞争力综合水平。具体评价指标体系及说明如表 3 -4 所示，其中涉及工业企业的指标均指规模以上工业企业（经国务院批准，自 2011 年起纳入规模以上工业统计范围的工业企业起点标准为年主营业务收入 2 000 万元）。

表 3 -4　　　　　中部地区工业竞争力综合评价指标体系

一级指标	二级指标	三级指标	指标解释	单位
现阶段竞争实力	规模实力	工业增加值	以货币形式反映一个地区工业生产的规模大小	亿元
		工业企业数量	反映一个地区的工业发展程度及规模地位	家
		主营业务收入	销售产品、提供劳务等取得的收入，以绝对数反映企业规模扩张实力	亿元
		资产合计	反映工业企业规模扩张的支撑力量	亿元
	经济效益	总资产贡献率	（利润总额 + 税金总额 + 利息支出）/平均资产总额，反映企业获利能力	%
		全员劳动生产率	增加值/全部从业人员年平均数，反映企业经营效率	元/人
		成本费用利润率	利润总额/成本费用总额，反映企业盈利效率	%
	市场实力	市场份额	地区工业销售产值/全国工业销售产值	%
	社会贡献	就业吸纳率	工业从业人员总数/全部从业人员总数，反映工业对解决地区就业问题的贡献	%
		税收贡献率	工业行业税收收入/税收收入行业合计，反映工业行业对拉动地区税收增长的作用力	%
高质量竞争潜力	技术创新潜力	R&D 人员全时当量	反映地区科技创新的人力资源投入	人年
		R&D 经费内外部支出合计	反映地区科技创新的资金资源投入	万元
		有 R&D 活动企业占比	反映地区科技创新的覆盖范围	%
		有效发明专利数	反映地区科技创新的成果	件

续表

一级指标	二级指标	三级指标	指标解释	单位
高质量竞争潜力	绿色发展潜力	工业固体废弃物综合利用率	工业固体废弃物综合利用量/（工业固体废弃物产生量＋综合利用往年储存量），反映工业绿色循环能力	%
		单位工业增加值废水排放	工业废水排放总量/工业增加值，反向反映绿色工业现状	万吨/亿元
	结构转换潜力	非国有企业占比	反映地区制度创新能力	%
		高新技术企业工业产值占比	反映企业高质量发展的核心竞争潜力	%
		新产品销售收入占比	反映企业适应市场变化的能力	%
工业竞争环境	人才支持环境	普通本专科高校数量	反映地区培养人才的基本支持条件	所
		本科毕业生人数	反映地区提供中高端人才的储备	人
		中等职业机构毕业人数	反映地区提供职业技术人员的储备	人
	资源支持环境	人均水资源	反映地区水资源拥有状况	立方米/人
		人均发电	反映地区电力资源现状	千瓦小时/人
	基础设施支持环境	公路密度	公路里程/地区国土面积，反映地区交通建设完善情况	公里/万平方公里
		铁路密度	铁路里程/地区国土面积，反映地区交通建设完善情况	公里/万平方公里
	信息化支持环境	长途光缆密度	长途光缆线路长度/地区国土面积，反映地区工业提高信息化程度的通信基础	公里/万平方公里
		移动电话交换机容量密度	移动电话交换机容量/地区国土面积，反映地区工业提高信息化程度的通信基础	户/平方公里
		互联网接入端口密度	互联网宽带接入端口数量/地区国土面积，反映地区工业提高信息化程度的网络基础	个/平方公里

二、评价方法及数据来源

（一）熵权法确认权重

多指标评价体系往往因为指标性质不同、量纲不一而在数量级上有较大的差距，直接使用原始数据进入模型处理会突出高数量级的指标，使得结果由单一元素决定，而非综合评价。为保证研究具备可靠性及科学性，在确认权重之前需要首先对指标数据做标准化处理，将数据按比例缩放从而消除量纲影响。这里采用 min-max 标准化方法，具体变换公式为：

正向指标：

$$x'_{ij} = \frac{x_{ij} - \min_{1 \leqslant i \leqslant n}(x_{ij})}{\max_{1 \leqslant i \leqslant n}(x_{ij}) - \min_{1 \leqslant i \leqslant n}(x_{ij})} + 0.001 \qquad (3-1)$$

负向指标：

$$x'_{ij} = \frac{\max_{1 \leqslant i \leqslant n}(x_{ij}) - x_{ij}}{\max_{1 \leqslant i \leqslant n}(x_{ij}) - \min_{1 \leqslant i \leqslant n}(x_{ij})} + 0.001 \qquad (3-2)$$

式中，x_{ij} 表示第 i 个评价地区第 j 个指标的原始数据，x'_{ij} 为标准化值，n 为评价地区的总数量。这里为方便熵权法计算，将标准化值平移了微小单位 0.001。

一般而言，确认指标权重的方法主要分为主观法和客观法两种。主观法包括专家调查法（Delphi）、层次分析法（AHP）等，此类方法主要基于决策者或行业专家的知识及经验来判断指标重要性程度，从而确定各指标权重。目前主观法发展较为成熟，要求各专家意见基本统一，但由于较强的主观性，主观法存在灵活性较差、结果准确性不佳、使用难度较大的问题。客观法具有客观性与适应性兼具的优点，适用于大多数的评价问题研究，因此这里选取基于信息熵原理客观赋权的熵权法确认权重。熵的理论最早是由香农（C. E. Shannon）从热力学引入信息论的，信息熵表示当某项指标熵值越小，即指标值变异程度越大时，包涵和提供的信息量就越多，因而相应的权重应该越大，反之则越小。在多指标综合评价的实际运用步骤如下：

首先计算第 i 个评价地区第 j 个指标标准值的比重：

$$r_{ij} = \frac{x'_{ij}}{\sum\limits_{i=1}^{n} x'_{ij}} \tag{3-3}$$

接着计算第 j 个指标的信息熵值:

$$e_j = -\frac{1}{\ln n} \sum\limits_{i=1}^{n} r_{ij} \ln r_{ij} \tag{3-4}$$

最后确认第 j 个指标的熵权:

$$w_j = \frac{(1-e_j)}{\sum\limits_{j=1}^{m} (1-e_j)} \tag{3-5}$$

式 (3-5) 中, m 为指标数量。为能客观比较不同年份之间的变化, 采用不同年份取不同权重值的改进熵值法。表 3-5 所示为一级指标的权重计算结果。由于数据缺失, 2011 年社会贡献一级指标权重计算时不考虑税收贡献率二级指标。

表 3-5　　　　　　　　工业综合竞争力评价体系权重值

一级指标	二级指标	权重 w_{2011}	权重 w_{2013}	权重 w_{2015}	权重 w_{2017}
现阶段工业竞争实力	规模实力	0.134	0.128	0.116	0.113
	经济效益	0.114	0.066	0.089	0.110
	市场实力	0.038	0.032	0.027	0.028
	社会贡献	0.026	0.068	0.068	0.068
高质量工业竞争潜力	技术创新潜力	0.121	0.143	0.138	0.106
	绿色发展潜力	0.066	0.049	0.065	0.059
	结构转换潜力	0.125	0.092	0.090	0.084
工业竞争环境	人才支持环境	0.110	0.121	0.116	0.121
	资源支持环境	0.084	0.103	0.099	0.085
	基础设施支持环境	0.080	0.088	0.081	0.078
	信息化支持环境	0.104	0.111	0.111	0.147

(二) 综合指数法

为反映中部各省 2011~2017 年工业发展的纵向变化情况, 采用综合指数法进行评价。综合指数法原本是根据行业标准值计算出一个地区经济效益综合值从而评价当年当地工作质量变化的方法。进行一定改进后，用选定年份的数据来代替行业标准值，以反映今后年份的工业经济增长变化情况。公式如下：

$$D_t = \left(\sum_{j=1}^{m} \frac{x_{ij,t}}{x_{ij,2013}} w_{j,2013} \right) \cdot 100 \qquad (3-6)$$

其中，D_t 为第 t 年工业竞争力较基期的相对增长变化指数，指数越大，表明增长速度越快，变化越大。由于 2011 年缺乏税收贡献率指标，为实现综合比较选用 2013 年的数据作为基期标准值。若用标准化后的数值做比较会出现作为除数使得结果偏大（0.001）的情况，因此选取原始数值做比较，负向指标作倒数处理。

（三）综合竞争力模型

根据指标体系和权重，利用线性加权法构建工业产业综合竞争力评价模型。公式如下：

$$F_t = \sum_{a=1}^{3} q_{a,t} \left\{ \sum_{b=1}^{v} w_{ab,t} \left(\sum_{j=1}^{b} p_{bj,t} x'_{ij,t} \right) \right\} \qquad (3-7)$$

式中，F_t 为第 t 年的工业综合竞争力评价指数，$q_{a,t}$ 是指第 t 年第 a 个一级指标的权重，$w_{ab,t}$ 是指第 t 年第 a 个一级指标中第 b 个二级指标的权重，$p_{bj,t}$ 是指第 t 年第 b 个二级指标中第 j 个三级指标的权重。F_t 越大，工业竞争力越强。

（四）数据来源

研究使用数据大多来源于 EPS 数据库和 2012～2018 年的中部六省统计年鉴。市场份额指标中 2011～2015 年的数据出自《中国工业统计年鉴》，2017 年比较数据从全国 31 个省市 2018 年的《统计年鉴》中提取并加总得到；税收贡献率数据来自《中国财政年鉴》，其中 2011 年的数据有缺失；技术创新潜力二级指标中所有三级指标及结构转换潜力中的新产品销售收入数据均来自《中国科技统计年鉴》；绿色发展潜力二级指标中所有三级指标 2011～2015 年数据来自《中国环境统计年鉴》，2017 年数据出自各省 2018 年的《统计年鉴》；高新技术企业工业产值数据来自《中国火炬统计年鉴》。

三、工业综合竞争力评价

(一) 中部六省工业竞争力纵向变化

表 3 - 6 所示，江西省增长变化幅度最大，其次为安徽省，河南、湖北、湖南三省组成第二梯队，增长较为平稳，而山西省不仅增速最小且成为中部六省中唯一出现过工业竞争力下降的省份。细化指标来看，中部地区现阶段工业竞争实力的增长幅度较小，而高质量工业潜力和工业竞争环境的增长幅度较大，其中技术创新潜力和信息化支持环境进步成为增长的主要来源。可见近几年中部地区高度重视工业创新及两化融合，为实现工业转型升级和高质量发展做准备。各省具体纵向变化情况如下。

山西省：2015 年工业综合竞争力有所下降，以 2013 年的综合指数100 为标准，2015 年仅为 95.35，主要受到现阶段工业实力削弱的影响。2013 ~ 2015 年山西现阶段工业实力指数下降了 22.83%，从二级指标来看，经济效益指标下降最为明显。2015 年山西省规模以上工业企业持续亏损，利润总额从 2013 年的 547.91 亿元骤然下降到 - 30.69 亿元，下降幅度达 105.56%，亏损面为 44.71%，这直接导致了经济效益二级指标下所有三级指标指数的下降。山西省是一个典型的以煤炭资源为核心的资源依赖型省份，长期将煤炭工业作为全省支柱性产业。2015 年受到煤炭等能源原材料价格持续下跌的影响，山西全省经济运行面临了严峻挑战，大部分工业企业包括省内龙头型企业的压力加剧。山西省 1 123 家规模以上煤炭开采和洗选业行业的工业企业中有 677 家亏损，全行业工业利润直线下降至负数，导致一系列经济效益指标倒退，这是 2015 年山西省工业竞争力下降的根本原因。2017 年工业综合竞争力有所回升，但由于之前损失严重，山西省用了近四年的恢复和发展才达到中部工业增长第一梯队省份两年发展的成长幅度。2017 年相对增长指数为 118.68，大多数指标均有进步，从 2013 ~ 2017 年工业竞争实力增长 7.27%，工业竞争环境增长 18.33%，高质量竞争潜力增长 31.07%。但山西省市场份额始终达不到基期标准，近几年全国倡导转变工业结构，传统产业在市场竞争中逐渐失去优势，对于山西省而言，抢占市场亟须迎合工业趋势探索和扶持新的支柱产业。表 3 - 6 中可见，山西省的人才支持环境指标逐年下降，相比基期的 12.06，2015 年为 11.69，2017 年为 11.53，而在高质量发展阶段，高科技和智能产业将是竞争的重点，技术人才是创新和科技发

表3-6 中部六省2015年、2017年相对增长指数

指标	基数	山西 D_2015	山西 D_2017	安徽 D_2015	安徽 D_2017	江西 D_2015	江西 D_2017	河南 D_2015	河南 D_2017	湖北 D_2015	湖北 D_2017	湖南 D_2015	湖南 D_2017
现阶段工业竞争实力	29.43	22.71	31.57	31.07	33.03	32.26	35.23	30.30	32.02	30.87	31.50	30.19	31.68
规模实力	12.81	11.43	13.35	14.58	16.10	15.48	17.18	14.91	16.22	14.56	15.24	14.15	15.73
经济效益	6.62	3.03	8.70	6.05	6.31	6.58	7.05	5.58	6.05	6.38	6.77	6.30	6.61
市场实力	3.21	2.25	3.02	3.50	3.73	3.69	4.16	3.70	3.91	3.43	3.20	3.34	3.51
社会贡献	6.79	6.00	6.50	6.95	6.88	6.51	6.85	6.11	5.84	6.50	6.29	6.40	5.82
高质量工业竞争潜力	28.39	28.38	37.21	35.36	49.12	34.24	57.98	31.91	43.46	34.75	46.48	36.12	47.71
技术创新潜力	14.28	14.74	19.82	20.51	30.10	19.78	36.38	18.56	25.13	19.86	27.09	20.16	26.54
绿色发展潜力	4.87	4.18	5.56	5.10	7.20	4.85	5.97	5.05	9.23	4.98	7.29	5.59	10.07
结构转换潜力	9.24	9.46	11.82	9.75	11.82	9.60	15.63	8.29	9.10	9.91	12.09	10.37	11.09
工业竞争环境	42.18	44.26	49.91	52.85	56.36	51.57	54.89	48.62	55.89	47.79	52.77	46.38	50.55
人才支持环境	12.06	11.69	11.53	12.90	11.90	11.78	10.66	11.11	10.80	10.13	9.88	11.42	11.33
资源支持环境	10.29	8.62	10.49	12.89	12.83	12.73	12.61	11.34	14.27	11.77	13.75	10.94	10.94
基础设施支持环境	8.76	10.38	10.72	9.96	10.49	10.25	10.81	9.15	9.55	9.43	9.91	9.41	9.70
信息化支持环境	11.07	13.58	17.17	17.10	21.14	16.81	20.81	17.02	21.28	16.47	19.23	14.61	18.58
合计	100	95.35	118.68	119.29	138.51	118.07	148.10	110.83	131.38	113.42	130.75	112.70	129.93

展的核心，人才支持指标的持续下降不利于山西省工业转型升级。总的来说，山西省工业发展不太稳定，综合竞争力从 2013 ～ 2017 年是一个"先落后起"的经历，增长速度缓慢。

安徽省：2015 年工业综合竞争力增长了 19.29%，是当年中部六省中增长幅度最大的省份，主要源自工业竞争环境的改善。2013 ～ 2015 年安徽省工业竞争环境指标从 42.18 的基期标准值增长至 52.85，增长了 25.30%，除经济效益外其余二级指标均实现了一定程度的增长，最为明显的是技术创新潜力和信息化支持环境两项指标，分别上升了 43.63% 和 54.47%。安徽省工业科技创新的成果较为突出，工业企业有效发明专利数从 2013 年的 13 582 件到 2015 年的 28 568 件，翻了两倍有余。为适应工业结构升级，把握前沿产业的政策要求，安徽省对省内信息化基础设施的建设高度重视，建设效率较高，互联网接入端口密度从 80.33 个/平方公里到 157.97 个/平方公里，互联网覆盖率全线提升。2017 年工业综合竞争力相对增长指数为 138.51，横向比较下仅次于江西省的增长速度，纵向而言，增速有所放缓，指数较 2015 年增长了 16.11%。2013 ～ 2017 年，安徽省现阶段工业竞争实力增长稳定，但 2017 年相较 2015 年规模以上工业企业数量有所减少，从 19 077 家下降至 18 883 家，税收贡献率同样从 40.92% 下降为 39.75%。一方面反映出安徽省工业辐射和带动效应有所减弱；但另一方面也能从侧面表现出安徽省结构转型的决心和魄力，不断改革传统产业，扶持高新产业，尝试培育新的经济增长点，这一点从高质量竞争潜力中所有三级指标均表现出持续的上升势头可以看出。有 R&D 活动的工业企业数量占比从 2013 年的 14.64% 增长至 2017 年的 24.88%，覆盖面不断扩大，新产品销售收入占比提升到了 20.51%。2017 年工业竞争环境增长指数的增长速度较 2015 年有所放缓但仍为中部最高，表明安徽省硬件升级效果明显，赶超势头强劲。总的来说，安徽省综合工业竞争力增长迅速，其中工业环境是支撑增长的关键因素，同时工业潜力所有指标均实现了连续增长，面向高质量发展阶段，安徽重点突破结构升级。

江西省：2015 年工业综合竞争力相对增长指数为 118.07，现阶段工业竞争实力指数从 29.43 增长到 32.26，为当年中部六省中工业实力增长最快的省份。2013 ～ 2015 年江西工业规模和经济效益的成长较为明显，规模以上工业企业数量从 8 126 家增加至 9 941 家，主营业务收入从 27 035.11 亿元增长为 32 954.82 亿元，全员劳动生产率增长了 21.90%，表现出良好的工业扩张速度和质量。高质量竞争潜力指数从28.39增长到34.24，R&D人力资源投入增长了6.10%，资金投入增长了27.13%，有R&D研发企业占比从11.74%增长为12.88%，虽然江西省工业企业技术研发的覆盖面仍不广，但技术投入增长较快。江西省新产品销售收入占比从6.22%增长到6.25%，增长幅度不大，工业企业对市场的适应能力仍不足。工业竞争环境指标中资源支持和基础设施支持指标增长速度较快，公路和铁路密度都达到了29%的增长率，江西省省内交通网络有所完善，有力支撑了工业实力的发展进步。2017年江西省以148.10的相对增长指数远超其他省份成为中部地区工业竞争力增长变化最大的省份，江西省工信厅报告指出，"2017年在经济下行压力持续下江西工业保持9%的增速，排位稳居全国第一方阵"，可见江西工业经济发展势头强劲。高质量工业竞争潜力指数增加明显，四年的时间达到了104.23%的增长速率，其中2015~2017年是江西工业潜力成长的关键阶段，有R&D企业占比一举增长至23%，新产品销售收入占比达22.59%，江西省"抓住创新驱动发展不放松"的政策导向取得了良好的成绩。总的来说，江西省工业综合竞争力增长迅速，突出表现在2015~2017年，这一时期贯彻了以创新为根本出路的发展思想，工业产业进步显著。

河南省：2015年工业综合竞争力相对增长指数为110.83，仅高于处于下降状态的山西省，增长速度较为缓慢。2013~2015年河南现阶段工业竞争实力指数增长率为2.96%，具体表现为规模实力的快速增长和经济效益及社会贡献的退步。图3-4所示，虽然河南省工业增加值在2013~2015年这一阶段的增长最为平缓，但规模以上工业企业的主营业务收入增长较快，从2013年的59 975.16亿元增长到2015年的73 365.96亿元，为整个2011~2017年研究期间内增长最快的阶段，综合作用下规模实力增长速度为中部第二。但经济效益和社会贡献指标出现下降情况，企业经营效率下降严重，其中全员劳动生产率下降了17.78%，成本费用利润率从8.13%下降至7.2%，总资产贡献率也从16.9%下降至13.9%。同时就业和税收也处于不利状态，可见2015年河南省工业企业面临着国内外严峻的发展形势，经营和竞争压力加大。2013~2015年河南省高质量工业竞争潜力指数的增长相对迟缓，尤其是结构转换指标下降至8.29，其中高新技术企业工业产值占比从8.86%下降为6.12%，直接导致了结构转换二级指标指数的下降，新产品销售收入占比从7.99%下降至7.89%。河南省以传统工业产业为主，至2015年尚未形成相应的迎接高质量发展的结构转换力量。此外，这一时期工业竞争环境中信息化支持指标指数增长较快，但人才支持有所下降，主要源自中等职业机构毕业生人数的减少。2015～2017年，河南省工业综合竞争力指数增长速度有所提升，但高质量工业竞争潜力的增长仍略显疲软，2017年的相对增长指数仅高于山西省，其中技术创新潜力和结构转换潜力的增长均未达到中部平均水平。河南R&D人员全时当量从2015年的131 051人/年下降至2017年的123 619人/年，人力资源投入不够。同时2017年高新技术企业产值占比也保持在6%～7%的水平，没有回升的趋势，对于河南省而言，工业潜力缓慢增长将成为未来竞争的一大不利因素。总的来说，河南省工业竞争力增长缓慢，近两年有所加速，但技术创新和结构转换能力不足将成为主要的发展障碍。

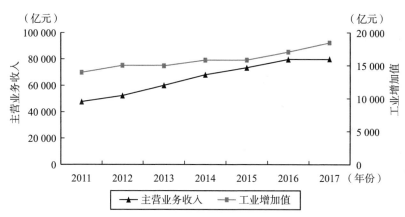

图3－4　2011～2017年河南省工业增加值及主营业务收入变化

资料来源：各年度《河南统计年鉴》。

湖北省：2015年工业综合竞争力相对增长指数为113.42。2013～2015年湖北现阶段工业竞争实力指数从29.43增长至30.87，增长速度属于中部中等水平，较为稳定。具体来看，工业增加值增长了13.74%，规模以上工业企业数量增长12.03%，主营业务收入增长较快，增长了13.08%，企业资产增长了15.56%。可见湖北省工业规模扩张在各项指标上发展较为均衡，其中企业实力有明显增强的趋势，为工业实力提升提供了牢靠的支撑。高质量工业竞争潜力指数从28.39增长为34.75，增长速度在中部六省中同样处于中等水平。图3－5所示，湖北省有R&D活动企业占比、高新技术企业工业产值占比及新产品销售收入占比三项重要指标在 2013～2015 年这个阶段的增长均趋于平缓。工业竞争环境指数从 42.18 增长至 47.79，但其中人才支持环境指标有明显下降，2015 年指数在中部六省中最低。湖北作为教育大省，2015 年拥有 126 家普通本专科高校，教育资源就全国而言都居于前列，但本科毕业生人数增长较慢，从 2013 年的 180 278 人到 2015 年的 209 246 人，仅增长了 16.07%，增长速度处于中部中下游水平。并且，湖北省始终存在人才流出率较高的问题，根据 2015 年发布的《大学生就业流向报告》，湖北省是主要的人才输出地，本地毕业生偏好远距离迁移，人才流失为湖北省发展高新技术产业、提高工业科技创新能力造成了阻碍。2015～2017 年这一阶段湖北省工业综合竞争力相对增长指数增长较快，达到 130.75，居中部第四。现阶段工业竞争实力指数为中部最低，其中规模实力增长仅高于山西省。具体来看，规模以上工业企业数量从 16 413 家下降至 15 097 家，主营业务收入的增长趋于停滞，两年间仅增长了 31.31 亿元，受此影响，市场实力相较 2013 年出现了下降的趋势，从 3.74% 下降为 3.72%，可见此阶段湖北省工业扩张陷入了一定的瓶颈期。2015～2017 年湖北高质量工业竞争潜力指数上升明显，即使增长指数仍处于中部下游，但从图 3-5 可以看出，以有 R&D 活动企业占比指标为主，湖北省的工业结构升级以及工业创新能力提升正在加快进度。工业竞争环境中资源支持指标的增长领先于中部，为提升工业竞争力增长速度做出了贡献，但人才支持指标指数仍然处于持续下降状态。总的来说，湖北省工业综合竞争力增长速度平缓，但近两年有增速的趋势，人才流失问题是主要发展障碍。

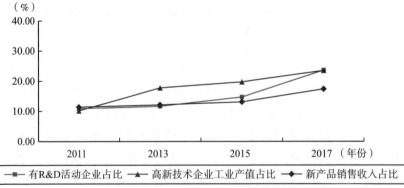

图 3-5　湖北省高质量工业竞争潜力主要指标变化

资料来源：各年度《湖北统计年鉴》。

　　湖南省：2015 年工业综合竞争力相对增长指数为 112.70。2013～

2015 年湖南现阶段工业竞争实力指数增长较慢，仅高于处于下降状态的山西省，主要受限于规模扩张的缓慢。图 3-6 所示，整个 2011~2017 年研究期间内湖南省工业企业资产总额增长始终比较稳定，但工业增加值和主营业务收入在 2013~2015 年阶段的增长明显放缓。与此同时，全员劳动生产率仅增长了 4.10%，就业吸纳率也有所下降，综合作用下湖南省工业实力成长缓慢。2015 年高质量工业竞争潜力的相对增长指数为 36.12，为当年中部六省中最高的省份，其中技术创新潜力指数仅低于安徽省，绿色发展潜力和结构转换潜力指数领跑中部。具体来看，R&D 人力投入增长了 13.95%，资金投入增长了 28.74%，企业覆盖面增长了 38.64%。工业创新投入增加的同时，结构转换更是取得了一定成绩，高新技术企业工业产值占比从 21.00% 增长至 24.16%，新产品销售收入占比从 17.97% 增长至 20.76%，两者增长率均在 15% 左右，可见湖南省在这一阶段侧重工业产业升级和创新能力提升。2017 年湖南省工业综合竞争力相对增长指数为 129.93，居于中部第五。图 3-6 可以看出湖南省在 2015~2017 年阶段的工业实力增长速度有所加快，但主营业务收入表现出不稳定的趋势，2016~2017 年有小幅度的下降，表明工业潜力尚未能够稳定转换为工业能力。以绿色发展和结构转换两项指标为主，2017 年湖南高质量工业竞争潜力仍然保持了较为迅速的增长，R&D 资金投入增长率为 32.52%；结构转换潜力的增速有所放缓，但仍保持了良好的势头；绿色发展潜力的增长速度更是居于中部首位，工业废水排放明显下降，固体废物利用率从 2013 年的 63.7% 升至 81.96%。相比之下，湖

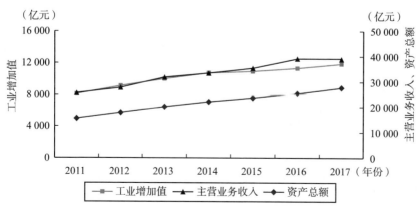

图 3-6 2011~2017 年湖南省工业规模实力主要指标变化

资料来源：各年度《湖南统计年鉴》。

南省工业竞争环境指数的增长相对比较缓慢，是综合竞争力相对增长指数不高的主要原因，而其中资源支持和信息化支持环境指标的增长属于中部下游水平，对于实现高质量工业的快速发展是一个相对不利的因素。总的来说，湖南省总体工业竞争力增长较慢，主要来源于工业环境建设方面的相对滞后，但高质量发展潜力的增长属于中高速水平。

（二）中部工业综合竞争力评价

运用线性加权法，对 2011 ~ 2017 年中部六省的工业综合竞争力进行评价，结果如表 3 - 7 所示。根据得分情况，2017 年中部工业综合竞争力排名依次为河南省、安徽省、湖南省、湖北省、江西省、山西省。从2011 年到 2017 年，排名始终保持不变的省份有：河南省稳居中部第一，安徽省守住中部第二。其余省份的情况分别为：山西省自 2015 年下降一个位次后始终处于中部垫底位置；江西省 2015 年取代山西省向前进位了一个位次，目前保持了中部第五的位置，江西工业成长迅速，与山西省的差距在逐渐拉大；湖北省和湖南省之间的发展差距较小，二者竞位情况较为激烈，2011 年湖南省排名第 3，湖北省排名第 4，2013 年排名互换，2015 年保持了 2013 年的排名情况，而 2017 年湖南省再次超越湖北省位居第三，湖北省暂居第四。中部六省工业综合竞争力的各一级指标评价结果如下。

表 3 - 7　　　　　　　　中部六省工业综合竞争力评价结果

省份	2011 年		2013 年			2015 年			2017 年		
	得分	排名	得分	排名	排名变化	得分	排名	排名变化	得分	排名	排名变化
山西	0.008	5	0.008	5	—	0.007	6	↓1	0.006	6	—
安徽	0.019	2	0.020	2	—	0.023	2	—	0.022	2	—
江西	0.006	6	0.006	6	—	0.009	5	↑1	0.010	5	—
河南	0.026	1	0.027	1	—	0.025	1	—	0.028	1	—
湖北	0.015	4	0.017	3	↑1	0.016	3	—	0.014	4	↓1
湖南	0.016	3	0.016	4	↓1	0.016	3	—	0.014	3	↑1

现阶段工业竞争实力：2017 年中部六省现阶段工业竞争实力排名为：

河南省、江西省、安徽省、湖北省、湖南省、山西省。表 3－8 所示，2011 年、2013 年、2015 年及 2017 年这四个时间点上河南省和山西省始终分别位居中部第一和第六的位置。河南省工业实力突出且四个时间点上得分变动较小，表明中部工业激烈的竞争形势对河南影响较小，现阶段工业竞争实力的雄厚是河南工业综合竞争力稳居中部第一的重要原因。而山西省工业实力不仅在中部垫底且得分有所下降，表明山西受到的竞争挤压较大。江西省排名上升较快，虽然 2013 年下降一位成第五名，但 2015 年得分上涨缩小了与其他省份的发展差距，2017 年一跃连升三个位次位居中部第二，纵向变化上江西省工业实力指标得分增长速度同样领先中部，江西工业实力的迅速增长顺利推动了综合工业竞争力的上位。安徽省 2013 年上升一名至第二名，但 2017 年又回落到第三的位置，工业竞争实力在后期出现增长瓶颈。湖北省 2013 年工业实力在中部六省中排名第三，但 2015 年下降了一个位次，湖南省 2013 年排名第四，2015 年险胜湖北上升了一个位次，但 2017 年又下降至中部第五，可见湖北省和湖南省在工业实力上的竞位仍然比较激烈，但受到中部其他省份赶超的影响，二者目前均处于中部中下游水平。

表 3－8　　　　　　中部六省现阶段工业竞争实力排名变化情况

省份	2011 年		2013 年			2015 年			2017 年		
	得分	排名	得分	排名	排名变化	得分	排名	排名变化	得分	排名	排名变化
山西	0.008	6	0.007	6	—	0.006	6	—	0.006	6	—
安徽	0.012	3	0.012	2	↑1	0.016	2	—	0.012	3	↓1
江西	0.011	4	0.008	5	↓1	0.013	5	—	0.018	2	↑3
河南	0.029	1	0.023	1	—	0.021	1	—	0.022	1	—
湖北	0.010	5	0.012	3	↑2	0.013	4	↓1	0.011	4	—
湖南	0.013	2	0.012	4	↓2	0.013	3	↑1	0.010	5	↓2

图 3－7 所示为 2017 年中部六省工业在规模实力、经济效益、市场实力和社会贡献上的竞争力评价结果。河南省重工业基础良好，是我国重要的能源和材料加工基地，传统产业的优势较大。图中可见河南规模实力和市场实力处于中部领先的位置，且与其他省份差距较大，是河南工

业竞争实力保持中部第一的主要支撑因素，但 2011～2017 年经济效益及社会贡献上的竞争优势有所减弱。

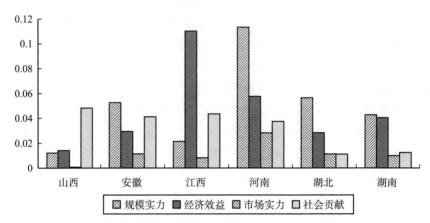

图 3-7　2017 年中部六省现阶段工业竞争实力各二级指标评价结果

　　安徽省规模实力发展较快，赶超势头强劲，2017 年上升至中部第三的水平，有力推动了竞争实力一级指标的向上竞位。相较之下市场实力表现较为稳定，2017 年竞争力得分仅低于河南省，但经济效益指标呈现出波动下降的趋势，企业经营和盈利能力是阻碍工业实力增长的主要问题。

　　山西省产业结构较为单一，无论在规模实力还是市场实力指标上都不具备竞争优势，导致工业实力显弱。经济效益指标得分原本高于湖北省和安徽省，但受到竞争挤压的影响，2013 年山西省经济效益一蹶不振，此后始终不能缩小与其余省份之间的差距。与经济效益指标相反，社会贡献指标自 2013 年起便一跃成为中部第一，表明山西省经济发展对工业的依赖性较高，工业发展具有一定的政策偏向，利于集中资源进一步发展。

　　江西省在规模实力和市场实力指标上的竞位较为艰难，始终处于中部下游位置，短期内难以突破。但经济效益指标自 2015 年起增长迅速，一方面是由于其余省份在 2015～2017 年阶段内经济效益下滑严重，而江西省工业企业保持了良好的盈利和经营能力；另一方面江西省全员劳动生产率较高，在中部领先，企业自身的生产效率良好，因此利润并未出现大幅度的下滑趋势。江西省社会贡献指标的竞争力也较为突出，上升趋势明显，工业产业在全省的地位愈发重要。

　　湖北省工业规模实力表现良好，尽管后期受到一定竞争冲击，但仍保持了中部第二的位置。湖北省凭借东风汽车等王牌企业在市场实力指标上也表现较好,但竞争力得分有所下降,2017年在中部六省中位居第三,可见湖北省开拓和占领新市场的力量相较中部后起省份有所不足。湖北省工业经济效益竞争力较弱,2011年在中部垫底,尽管后期增长迅速,但目前仍在中部下游水平徘徊,是湖北工业发展的短板及竞争劣势。

湖南省规模实力和市场实力均处于中部中游水平,发展较为稳定。但经济效益和社会贡献两项指标的竞争力变化较大,2015年二者均增长迅速,缩小了与第一梯队省份的差距,因此工业实力排名在2015年超越了湖北省成为第三名。但两项指标在2017年迅速回落至中部下游,是当年工业实力下降两个位次的主要影响因素。

高质量工业竞争潜力:2017年中部六省高质量工业竞争潜力排名为:安徽省、湖南省、湖北省、河南省、江西省、山西省,与2015年的排名一致。表3-9所示,在2011年、2013年、2015年、2017年四个时间点上安徽省和湖南省分别保持了中部第一和第二的位置,工业潜力较高是安徽省能保持综合竞争力中部第二的重要因素,是湖南省与湖北省竞位过程中的主要优势。山西省2013年下降了一个位次成为中部垫底,且得分不断下降,2017年仅为0.001分,在工业潜力完全上不具备竞争优势。江西省2013年上升了一个位次成为中部第五,比工业综合竞争力的上位提前了一个时间点,表明江西省工业潜力竞争力成长先于整体工业发展,一定程度上助力了工业实力的攀升。河南省工业潜力相较工业实力竞争优势不大,是制约全省工业综合竞争力发展的一大因素,2013年短暂上升成为中部第三,2015年又回落到第四的位置并保持至2017年。湖北省与河南省在工业潜力指标上的得分较为接近,竞争也更为明显,就目前看来,湖北省略胜一等,保持了中部中等偏上的水平。

表3-9　　　　　中部六省高质量工业竞争潜力排名变化情况

省份	2011年		2013年			2015年			2017年		
	得分	排名	得分	排名	排名变化	得分	排名	排名变化	得分	排名	排名变化
山西	0.006	5	0.003	6	↓1	0.002	6	—	0.001	6	—
安徽	0.025	1	0.024	1	—	0.025	1	—	0.019	1	—

省份	2011 年		2013 年			2015 年			2017 年		
	得分	排名	得分	排名	排名变化	得分	排名	排名变化	得分	排名	排名变化
江西	0.002	6	0.004	5	↑1	0.004	5	—	0.006	5	—
河南	0.018	4	0.021	3	↑1	0.019	4	↓1	0.013	4	—
湖北	0.019	3	0.020	4	↓1	0.019	3	↑1	0.015	3	—
湖南	0.025	2	0.022	2	—	0.023	2	—	0.018	2	—

图 3 - 8 所示为 2017 年中部六省工业在技术创新潜力、绿色发展潜力和结构转换潜力上的竞争力评价结果。首先从技术创新潜力来看，河南省在 2011 年及 2013 年都保持了中部首位，且得分有所上涨，2015 年被安徽省赶超之后也始终居于中部第二，可见河南省即使总体工业潜力排名不高，但工业技术创新能力仍属于前列水平。安徽省和江西省在该指标上的竞争力增长迅速，安徽省 2011 年的创新水平仅为中部第四，2013年一跃成为中部第二，得分直逼河南省，2015 年超越了河南领先中部地区，2017 年在江西省强势增长的冲击下得分有所下降，但仍以较大的得分差距保持中部第一。而江西省尽管增长迅速，但由于起步较晚、起点较低，仅在 2013 年超过了山西省，此后始终处于中部第五的位置，工业技术创新水平属于中部下游。山西省工业资源依赖程度高，煤炭开采等相关行业在长期内依然是山西省工业的最大支柱，因而在技术创新上面临

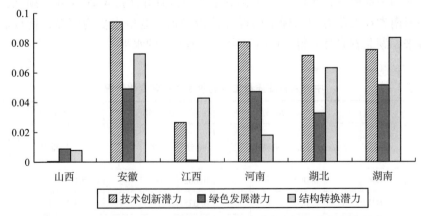

图 3 - 8　2017 年中部六省高质量工业竞争潜力各二级指标评价结果

的竞争压力较大。湖北省及湖南省的技术创新能力发挥稳定，始终属于中部中等水平，其中湖南省略胜一筹，与工业潜力竞争结果一致。

绿色发展二级指标中包含了工业固体废物综合利用率和单位工业增加值废水排放两项三级指标，分别从正向利用率和反向污染程度表现目前各省工业对于绿色循环和生态保护的发展程度。图3-8中可见，2017年安徽省在绿色发展指标上得分较高，安徽工业不仅在创新能力上领先，在循环工业和生态保护上也保持了先进水平。河南省排名第三，2011~2017年竞争力得分上升趋势明显，对于一个以传统工业制造为主的省份来说，河南省对"旧工业"的绿色改造相当成功。湖北省工业绿色化改造成果突出，2011~2017年得分始终维持在0.035左右，位居中部第四。相比之下，湖南省属于后期发力的省份，在2011年和2013年均位于中部倒数第二，2015年上升了一个位次，2017年迅速增长成为中部第一，"制造湘军"在绿色发展上做到了跨越式的发展。而山西省和江西省绿色发展表现较差，山西省工业污染严重，但在2011年得分排名中部第三，当时工业固体废物利用率为57.5%，单位增加值废水排放为6.66吨/亿元，为中部最低，但前者逐渐下降，后者逐渐上升，使得山西绿色发展排名降低。而江西省作为一个以生态资源闻名的省份，工业绿色发展指标却始终处于中部垫底位置，一方面江西主要支柱性工业产业如有色金属、电子等，自身废水产量体量大；另一方面江西省固体废物的利用率始终较低，2017年更是下降至37.15%，绿色发展指标在中部垫底的表现阻碍了江西工业潜力的进一步向前进位。

结构转换指标选取了非国有企业占比、高新技术企业产值占比和新产品销售收入占比来分别表现制度灵活度、面向未来新兴市场的竞争力及市场适应能力。结构转换指标能综合反映一个省份在高质量发展阶段完成工业结构转型升级的能力，是未来形成新的竞争实力的主要来源，因此是一个相当重要的指标。图中可以看出湖南省位居中部第一，结构转换能力的良好表现是助力湖南省工业竞争潜力排名稳居第二的重要来源。安徽省与湖南省的竞争明显，2011年安徽省排名第一，但2013年下滑一名后一直保持在第二的位置，而相对的湖南省2011年排名第二，2013年超越安徽省目前仍居于中部首位。两个省份工业结构转换进度良好，根据原始数据来看，湖南省高新技术企业产值占比和新产品销售收入占比均领先于中部，而安徽省非国有企业较多，制度灵活性上略胜一筹。湖北省在结构转换指标上表现稳定，2011~2017年竞争力得分有增长的趋势，始终保持在中部第三的位置，综合来看湖北省在工业潜力三项指标上均做到了稳扎稳打。相比之下，山西省、江西省、河南省始终处于中部下游水平，其中山西省竞争力一直在下降，严重制约工业潜力增长；江西省竞争力上升趋势明显，在清晰的"以绿色促发展"思路指引下，生态优势逐步显现；河南省波动性较强，结构转换竞争力表现并不稳定，表明河南承受竞争冲击的能力较弱，是一大短板。

工业竞争环境：2017 年中部六省工业竞争环境的排名为：河南省、安徽省、湖北省、湖南省、山西省、江西省。表 3 - 10 所示，工业竞争环境作为一个宏观性较强的指标，投入到产出的周期较长，因此排名在2011 年、2013 年、2015 年及 2017 年四个间隔时间点上都没有变化，稳定性最强。

表 3 - 10　　　　　　　中部六省工业竞争环境排名变化情况

省份	2011 年		2013 年			2015 年			2017 年		
	得分	排名	得分	排名	排名变化	得分	排名	排名变化	得分	排名	排名变化
山西	0.010	5	0.012	5	—	0.011	5	—	0.009	5	—
安徽	0.019	2	0.024	2	—	0.027	2	—	0.031	2	—
江西	0.005	6	0.007	6	—	0.009	6	—	0.007	6	—
河南	0.030	1	0.035	1	—	0.033	1	—	0.040	1	—
湖北	0.016	3	0.018	3	—	0.017	3	—	0.017	3	—
湖南	0.011	4	0.015	4	—	0.013	4	—	0.015	4	—

图 3 - 9 所示，2017 年人才支持环境上排名为：河南省、安徽省、湖南省、湖北省、江西省、山西省；资源支持环境排名为：江西省、山西省、湖北省、湖南省、安徽省、河南省；基础设施支持环境排名为：河南省、安徽省、山西省、湖北省、江西省、湖南省；信息化支持环境排名为：河南省、安徽省、湖南省、湖北省、山西省、江西省。各省具体情况分析如下。

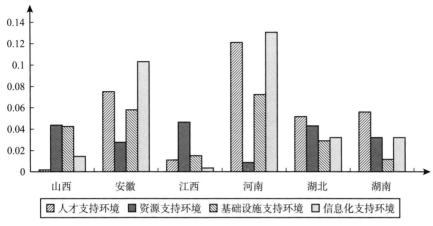

图3-9 2017年中部六省工业竞争环境各二级指标评价结果

河南省总体工业环境竞争力居中部首位，但资源支持是河南省的发展短板。具体来看，河南水资源拥有量与江西、湖南、湖北、安徽相差较远，人均发电量也属于中部中等偏下的水平。图3-9中可见2017年河南省除资源支持以外的其余三项指标均在中部领先，且人才支持和信息化支持指标的竞争力得分具有明显的上升趋势，对将来提升河南省的工业创新能力、促进两化融合发展高新技术产业、转变工业现有传统结构具有推动作用。

安徽省的资源支持环境同样是本省发展短板，主要受限于水资源拥有量。同时安徽省教育资源不算丰富，目前拥有119家本专科学校，低于河南、湖北、湖南三省。虽然中等职业技术学校的毕业生人数较多，能为技术岗位输送较多的人才，但高等人才的相对缺乏对安徽省发展高技术工业有一定限制。

湖北省除资源支持指标在中部排名第三外，其余指标均在中部排名第四，且有一定下降趋势。总体而言发展比较均衡，使得最终工业环境竞争力在中部居于第三的位置。

湖南省在人才支持和信息化支持上表现较好，但资源和基础设施表现较差，尤其是基础设施指标在中部六省中居第六名。交通网络完成进度的落后直接限制了湖南省工业环境竞争力的向前进位，停留在第四名。

山西省人才的严重缺乏和信息化建设的相对落后是工业环境发展的最大问题。图3-9中可见山西省资源支持力量较强，基础设施在近几年也有所完善，但人才支持指标的得分近乎为0。缺少高端人才不利于山西省工业创新和转型，而缺少职业技术人员也不利于传统优势产业的进一步扩大发展。

江西省资源支持指标竞争力为中部第一，拥有丰富的水资源和电力资源，不仅利于工业发展且水运航道开发也利于贸易发展。但人才、基础设施和信息化支持环境都相对落后，尤其是信息化设施建设在中部垫底。

（三）小结

根据各省竞争力纵向变化和中部竞争力横向比较的分析结果，按照2017年工业综合竞争力排名从前到后的顺序总结如下：

河南省工业竞争力增长速度在中部六省中较为缓慢，2015～2017年阶段工业实力和工业竞争环境指标增长迅速，但高质量竞争潜力仍然较慢。综合竞争力排名始终居于中部首位，现阶段工业实力突出，但经济效益指标下滑严重；高质量竞争潜力是综合竞争力提升的主要限制因素，其中结构转换能力较弱；工业竞争环境领先中部，但资源限制是发展短板。

安徽省工业竞争力增长速度在中部六省中较为迅速，尤其是在2013～2015年阶段工业实力和工业环境增长迅猛，而工业潜力在2015～2017年阶段发力。综合竞争力排名始终居于中部第二的位置，现阶段工业实力波动较大，其中经济效益指标为主要波动因素；高质量工业潜力稳定保持中部第一，技术创新、绿色发展和结构转换均在中部领先；工业竞争环境居于中部第二，其中资源支持为主要限制因素。

湖南省工业竞争力增长速度在中部六省中较为缓慢，主要受限于工业实力和工业环境的滞后。综合竞争力2017年上升为第三名，现阶段工业实力排名较不稳定，经济效益和社会贡献是主要的不稳定因素；高质量竞争潜力排名稳定，始终保持中部第二，绿色发展指标竞争力上升趋势明显，助力综合竞争力的上升；工业竞争环境居中部第四，交通基础设施建设是主要短板。

湖北省工业竞争力增长速度在中部六省中属于中等水平，工业实力增长不甚明显，规模扩张陷入一定瓶颈，高质量工业潜力增长速度均衡，其中结构转换能力增长迅速。湖北省在与湖南省的综合竞争力竞位中暂居下风，但总体而言湖北省在各项指标上发展比较均衡，均在中等水平徘徊，无突出短板。

江西省工业竞争力增长速度在中部六省中领先，尤其是工业实力和工业潜力发展迅速，以规模实力、经济效益和技术创新指标为代表，具有明显的后发优势。综合竞争力于 2015 年前进一个位次，主要源自工业实力的增长，其中经济效益良好是江西的竞争优势；工业潜力竞争力也有所提升，但绿色发展成为主要进位阻碍；工业竞争环境在中部垫底，资源丰富但信息化建设薄弱。

山西省工业竞争力增长速度在中部六省中最为缓慢，由于利润为负，2015 年工业竞争力倒退，2015~2017 年实现增长，但仍赶不上其余省份的增长速度。综合竞争力从第五名下滑为第六名，工业实力较差，市场实力是主要限制，以煤炭加工为主的产业在目前的市场竞争中不占优势；工业潜力下滑明显，技术创新能力和结构转换力均存在较大的问题；工业环境居中部第五，资源相对丰富，但人才短缺严重不利山西实现工业崛起。

四、分行业工业竞争力评价

基于可行性原则，分行业工业竞争力评价分析中仅考虑 2016 年现阶段竞争实力，并对指标体系进行了适当改动（见表 3-11）。其中出口比重指标表示工业产业对外开放程度及在国外市场的影响力，是出口交货值与销售产值之比；产品销售率表示产业产品受欢迎程度，是销售产值与总产值之比；全员劳动生产率用总产值代替了增加值。本书主要从中部代表性工业和技术密集型工业中选取了 11 个工业行业进行分析。中部代表性工业行业的选取标准为中部六省主营业务收入加总结果大于 1 万亿元，并且占全国主营业务收入的比重大于 20%，选取结果为农副食品加工业、非金属矿物制品业、有色金属冶炼和压延加工业、专用设备制造业和电气机械和器材制造业共 5 个工业行业；技术密集型工业行业的选取标准为能在高质量发展阶段提供工业转型推动力的重点行业，选取结果为医药制造业、通用设备制造业、汽车制造业、铁路、船舶、航空航天和其他运输设备制造业、计算机、通信和其他电子设备制造业和仪器仪表制造业共 6 个工业行业。

表 3 - 11　　　　　　　　分行业工业竞争力指标体系

一级指标	二级指标	三级指标	单位
现阶段竞争实力	规模实力	总产值	亿元
		工业企业数量	家
		主营业务收入	亿元
		资产合计	亿元
	经济效益	总资产贡献率	%
		全员劳动生产率	万元/人
		成本费用利润率	%
	市场实力	市场份额	%
		出口比重	%
		产品销售率	%

（一）中部代表性工业行业评价结果分析

表 3 - 12 所示为中部六省在五大中部代表性工业行业中的综合竞争实力及其排名。总的来说，河南省凭借传统工业和重工业的优势具有强劲的竞争实力，五大代表性工业行业发展水平均在中部前列；山西省主要以煤炭资源为竞争优势，在具有规模要求的行业竞争中处于下风；其余省份均凭借各自优势在 1 ~ 2 个行业上水平靠前甚至领先，如江西省的矿产资源优势、湖南省的产业基础优势、湖北省及安徽省的龙头企业领导优势等。具体行业竞争力分析如下。

表 3 - 12　　　　中部六省代表性工业行业综合竞争实力排名

		农副食品加工业	非金属矿物制品业	有色金属冶炼和压延加工业	专用设备制造业	电气机械和器材制造业
山西	得分	0.006	0.019	0.014	0.015	0.009
	排名	6	6	6	6	6
安徽	得分	0.104	0.084	0.084	0.128	0.203
	排名	3	4	4	3	1
江西	得分	0.074	0.084	0.231	0.042	0.127
	排名	5	5	2	5	3

续表

		农副食品加工业	非金属矿物制品业	有色金属冶炼和压延加工业	专用设备制造业	电气机械和器材制造业
河南	得分	0.178	0.251	0.244	0.279	0.139
	排名	1	1	1	1	2
湖北	得分	0.149	0.092	0.023	0.095	0.088
	排名	2	3	5	4	4
湖南	得分	0.092	0.095	0.135	0.215	0.083
	排名	4	2	3	2	5

农副产品加工业：河南省综合实力排名第一，其中规模实力远超其他省份（见图 3 - 10），2016 年以总产值 6 694.99 亿元、工业企业数 2 115 家、主营业务收入 6 830.48 亿元、工业企业资产合计 3 578.35 亿元，遥遥领先中部其余省份。但经济效益和市场实力表现较差，尤其是市场实力指标得分仅在中部排名第四（见图 3 - 11），是河南省的竞争劣势和发展短板。2016 年出口比重仅为 0.60%，产品外向度不高，最终产品销售率为 97.51%，属于中部中等水平。湖北省综合实力排名第二，其中经济效益指标领跑中部（见图 3 - 12），总资产贡献率和成本费用利润率都较高，表明湖北省农副产品加工业盈利能力较强。市场实力表现上国内外市场占领较为均衡，但产品销售率偏低，存在一定的产品积压。安徽省综合实力排名第三，三项评价指标得分均在中部排名第三，行业发展具有均衡性和稳定性。湖南省综合排名第四，但经济效益和市场实力指标在中部居第五名，对竞争力排名提升不利，特别需要提升工业企业的劳动生产效率。江西省虽然综合实力排名第五，但市场实力指标排名中部第一，尤其是出口比重较高为 2.35%，表明江西省对外开放程度较高，能充分利用国外市场出售产品。但江西仅拥有 490 家规模以上工业企业，发展农副产品加工业需要加大基本要素投入。山西省排名第六，各项指标表现均不佳，尤其是规模实力和市场实力受到严重的竞争挤压，得分近乎为 0。

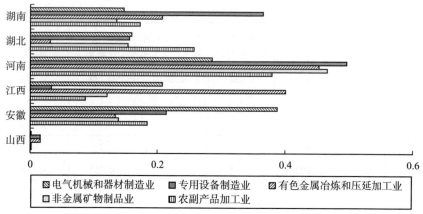

图3-10 中部六省代表性工业行业规模实力指标评价

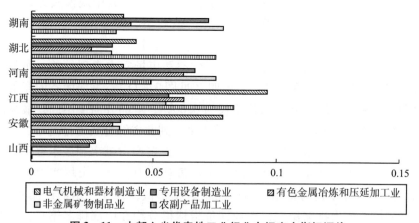

图3-11 中部六省代表性工业行业市场实力指标评价

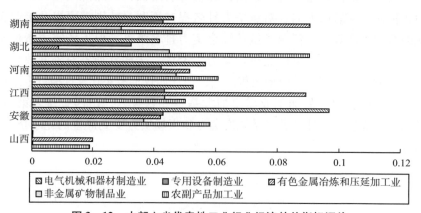

图3-12 中部六省代表性工业行业经济效益指标评价

非金属矿物制品业：河南省综合实力排名第一，规模实力、经济效益和市场实力均属于中部前列水平，其中市场实力略显不足，源于出口比重偏低在中部垫底，但产品销售率为99.54%，整体而言不构成明显的劣势。湖南省综合实力排名第二，市场实力在中部领先，国内市场和国外市场发展较为均衡，是推动综合竞争力向前进位的关键因素。但规模实力和经济效益属于中部下游水平，劣势明显。湖北省排名第三，规模实力和经济效益指标均居中部第二，行业发展具有坚实的基础。但市场实力指标在中部垫底，最终产品销售率仅为96.31%，是明显的发展短板。安徽省排名第四，规模实力属于中部中等水平，但经济效益指标排名第四，12.99%的总资产贡献率仅高于山西省。市场实力指标虽排名较低，但适应了当前安徽省非金属矿物制品业发展阶段的市场要求，因此行业发展关键在于提高经济效益，充分发挥规模效应。江西省排名第五，各项指标较为均衡，均在中等偏下的水平，其中规模扩张进度较慢阻碍行业发展。山西省排名第六，规模实力和经济效益指标同样在中部垫底。市场实力指标排名第三，出口比重达到4.28%，居中部首位，但由于国内市场占有率仅0.58%，导致最终产品销售率为93.47%。因此山西需要在继续把握国外市场的同时突破国内市场竞争压力，以市场实力吸引资金进入和带动规模扩张，从而提升基础实力。

有色金属冶炼和压延加工业：河南省综合实力排名第一，主要优势体现在规模实力上，以总产值5 257.57亿元在中部领先。但经济效益表现一般，图3-12中可见得分在中部排名第三，尤其是全员劳动生产率较低，河南省发展有色金属行业需要提高企业综合管理和经营能力。市场实力上国内市场份额在中部领先，出口比重也达到了中部第二的水平。江西省凭借丰富的资源储备和龙头企业江西铜业集团的带领和辐射，综合实力排名第二，与河南省差距不大，各项指标表现均衡。具体来看，企业数量和主营业务收入均领跑中部，但产值和资产总计低于河南省，江西省需要重视行业规模扩张的质量和产出效益。湖南省排名第三，其中经济效益指标突出，总资产贡献率为13.05%，遥遥领先于中部其他省份，企业良好的经营能力是发展的主要优势。安徽省综合排名第四，规模实力、经济效益及市场实力三项指标均排名中部第四，其中全员劳动生产率为中部第一，企业管理能力较好。湖北省排名第五，其中经济效益指标在中部垫底，尤其是成本费用利润率仅0.83%，盈利能力是一个明显的劣势和短板。山西省排名第六，各项指标与其他省份的差距均较大。

专用设备制造业：河南省综合排名第一，规模实力突出，产值和主营业务收入都遥遥领先于中部其他省份。经济效益指标得分在中部居第四，但与其他省份的得分差距并不大。国内市场份额占到了10.52%，但出口比重较低成为问题，总体而言在专用设备制造业行业河南省处于中部地区绝对龙头地位。湖南省排名第二，行业规模实力仅低于河南省。市场实力得分居中部第一，出口比重较高，具有明显的发展优势。全员劳动生产率领先中部，但相对而言资产贡献率较低，企业盈利能力偏弱。安徽省综合排名第三，经济效益指标在中部居第二，有力推动了行业上位。但市场实力排名第四，其中出口比重较低，最终产品销售率仅为96.25%，需要进一步拓展国外市场。湖北省排名第四，经济效益和市场实力均居中部第五，盈利状况较差，产品销售率仅95.60%，企业整体经营能力需要进一步加强。江西省排名第五，行业规模不大，目前仅拥有224家规模以上企业。但经济效益居中部第一，市场实力也排名第三，出口比重和产品销售率均领先，上升势头明显，可见江西省具有良好的行业发展质量。山西省排名第六，其中成本费用利润率为负，企业经营存在较大的问题。

电气机械和器材制造业：安徽省综合排名第一，规模实力和经济效益均为中部首位，行业发展具有雄厚的基础和实力。出口比重低于江西省，产品销售率较低为97.07%，安徽省需要提高企业销售能力和产品外向度以继续保持行业绝对优势。河南省排名第二，市场实力指标较为落后，国内市场份额较高为4.91%，仅低于安徽省，但出口比重仅为0.58%，为中部最低，因此拓展国外市场是河南发展电机电器行业的重点突破方向。江西省综合排名第三，市场实力指标排名第一，出口优势明显。值得一提的是，江西仅凭借598家规模以上工业企业就创造了3 057.58亿元的产值和3 099.98亿元的主营业务收入，企业实力较强，是未来行业综合实力向前进位的重要信心来源。湖北省综合排名第四，经济效益指标排名第五，具体来看全员劳动生产率较高，但总资产贡献率和成本费用利润率表现一般，企业盈利能力需要进一步提高。湖南省综合排名第五，经济效益指标排名第四，劳动生产率在中部领先，是湖南省发展电机电器行业的一大优势。但市场占领不足，出口比重也较低，构成一定的发展障碍。山西省排名第六，规模实力和经济效益得分近0，表明山西受到中部竞争的较大冲击，但企业较差的经营能力也难以支撑山西突破竞争压力。

（二）中部技术密集型工业行业比较结果

表3-13所示为中部六省在六大技术密集型工业行业的综合竞争实力及其排名。总的来说，相较中部代表性工业行业，中部六省在技术密集型行业竞争中的得分差距有所缩小。尽管河南省在四个技术密集型行业均做到了中部首位，但其余各省均在全力把握高质量阶段的发展机会以期实现"弯道超车"，因此中部地区在技术密集型行业的竞位情况较为激烈，河南省并不能保持绝对的龙头地位。具体行业竞争力分析如下。

表3-13　　　中部六省技术密集型工业行业综合竞争实力排名

		医药制造业	通用设备制造业	汽车制造业	铁路、船舶、航空航天和其他运输设备制造业	计算机、通信和其他电子设备制造业	仪器仪表制造业
山西	得分	0.023	0.004	0.007	0.023	0.034	0.18
	排名	6	6	6	6	6	6
安徽	得分	0.093	0.167	0.120	0.086	0.097	0.131
	排名	4	2	2	4	3	1
江西	得分	0.111	0.072	0.062	0.025	0.062	0.081
	排名	3	5	5	5	5	4
河南	得分	0.190	0.205	0.113	0.211	0.132	0.131
	排名	1	1	3	1	1	2
湖北	得分	0.141	0.111	0.245	0.152	0.081	0.062
	排名	2	3	1	3	4	5
湖南	得分	0.087	0.107	0.076	0.195	0.102	0.084
	排名	5	4	4	2	2	3

医药制造业：河南省综合竞争力排名第一，规模实力指标同样领先中部（见图3-13），目前拥有499家规模以上工业企业，创造了2 265.5亿元的主营业务收入。从经营效益来看，企业经营效益较好，资产利用效率高。从市场实力来看，河南以中医药大省和生物医药强省为发展目

标，2016 年国内市场份额达 8.07%，具有良好的发展前景，但出口合作较少的问题构成一定阻碍。湖北省综合排名第二，市场实力指标在中部居首位（见图 3－14），主要源自较高的出口比重，2018 年医药出口交货值同比增长 47%，排全国第六位，国外市场竞争力的优势明显。但企业经济效益较差，在中部六省中排名第四（见图 3－15），其中全员劳动生产率仅高于山西省，企业综合经营管理能力有待提升。江西省排名第三，整体而言发展较为均衡，规模实力和经济效益得分均排名第三。市场实力表现也较好，国内市场占到 4.33% 的份额，市场基础较好。安徽省排名第四，全省共拥有 466 家规模以上企业但仅创造了 823.81 亿元的主营业务收入，规模扩张有待于企业经济效益的提升。安徽省出口比重较高，但国内市场份额较低，产品销售率仅 95.78%，提升企业销售和盈利能力是安徽省行业发展的重点。湖南省综合排名第五，经济效益指标排名第一，总资产贡献率和全员劳动生产率都遥遥领先于中部其他省份，企业经营和管理能力突出，相较之下成本费用利用率较低，盈利能力是一个明显的短板。山西省排名第六，但市场实力指标表现较好，主要依赖于较高的出口比重。企业成本费用利润率为 10.04%，在中部领先，总的来说山西医药出口较多，销售和盈利能力较好，是发展竞争中的一大优势。

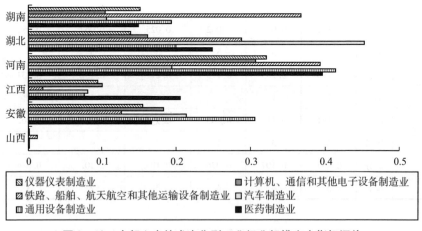

图 3－13　中部六省技术密集型工业行业规模实力指标评价

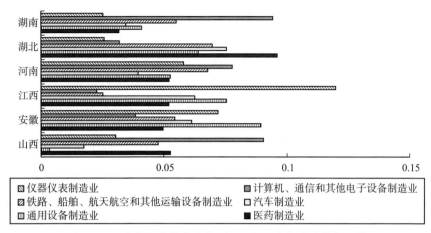

图 3 – 14　中部六省技术密集型工业行业市场实力指标评价

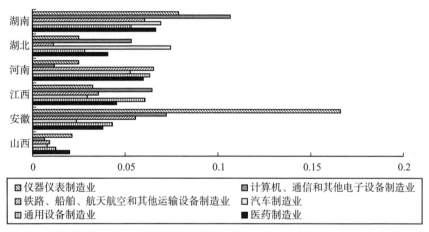

图 3 – 15　中部六省技术密集型工业行业经济效益指标评价

　　通用设备制造业：河南省综合实力排名第一，图 3 – 13 和图 3 – 15 中可见规模实力和经济效益指标都处于明显的领先地位。市场实力指标略显落后，主要源于出口比重较小，但国内市场份额为 7.19%，河南省在通用设备制造业上处于中部龙头地位。安徽省排名第二，经济效益指标表现较差，其中成本费用利润率较低，仅为 5.10%。并且安徽省规模以上工业企业数量与河南省仅差 64 家，但主营业务收入却相差甚远，因此追赶河南省需要进一步提高企业盈利能力。湖北省排名第三，其中经济效益指标排名第五，总资产贡献率较低为 7.32%，仅略高于山西省，企业资产利用能力和经营能力需要加强。湖南省排名第四，经济效益指标表现较好，总资产贡献率和全员劳动生产率均领先于中部其他省份，但成本费用利润率过低仅为 2.34%。市场实力指标有所落后，因此稍显薄弱的销售和盈利能力严重阻碍了行业发展。江西省排名第五，经济效益和市场实力指标均居中部第二，企业利润率较高，产品销售率为99.65%，领跑中部地区。江西省通用设备制造业企业实力较强，具备进位超车的优秀素质。山西省综合排名第六，各方面指标也均在中部地区垫底。

汽车制造业：湖北省是我国重要的汽车产业基地，在中部六省中综合排名第一，规模实力、经济效益及市场实力三项指标也均为中部第一。以东风集团为代表，湖北省在汽车制造业显示出强大的实力和持续发展的势头，但出口比重偏低，一定程度上不利于湖北省实现中国制造汽车走向世界的目标。安徽省综合排名第二，经济效益指标排名第五，成本费用利润率仅为 4.49%，表明资金投入带来的收益有限，企业盈利能力偏低是安徽省发展汽车产业的一大阻碍。河南省综合排名第三，产值和主营业务收入均超过安徽省，企业经营和盈利能力较好。但产品销售率较低在中部垫底，实现行业进位需要进一步提高市场实力。湖南省排名第四，其中突出的经济效益竞争力是发展的一大优势。江西省排名第五，市场实力突出，其中出口比重较高，产品外向性较强。江西省提高行业竞争力需要充分发挥后发优势，通过招商引资等方式扩大行业规模，重点攻破新能源汽车等新兴市场以缩小发展差距。山西省排名第六，2016 年仅39 家规模以上企业，主营业务收入 147.08 亿元，发展优势并不明显。

铁路、船舶、航空航天和其他运输设备制造业：河南省综合实力排名第一，规模实力和经济效益指标均处于中部前列，其中企业成本费用利润率为 8.19%，领先于中部其他省份，河南行业规模扩张的质量较好。湖南省综合排名第二，仅拥有 138 家规模以上企业，但产值和主营业务收入却仅低于河南省，资产合计更是居中部第一。经济效益指标同样排名第二，其中劳动生产率较高，可见湖南省企业实力较强。但市场实力指标中产品销售效率较低是湖南行业发展的一大短板。湖北省综合排名第三，市场实力指标排名第一，主要源于较高的出口比重。但企业经济效益表现较差，经营能力和盈利能力都是行业发展面临的主要问题。安徽省排名第四，各项指标表现相对均衡，实现进位赶超需要利用本省创新潜力优势抢占新兴市场。江西省排名第五，2016 年仅拥有 47 家规模以上企业，国内市场份额仅 0.67%，规模扩张与发展需要提升企业实力。山西省排名第六，市场份额为 0.44%，出口比重为 0.07%，但产品销售率为 101.17%，市场规划与生产能力相适应是发展一大优势。

计算机、通信和其他电子设备制造业：河南省综合排名第一，经济效益指标得分在中部排名第五，其中总资产贡献率为 4.02%，全员劳动生产率 95.64 万元/人，成本费用利润率 3.92%，均属于中部下游水平。尽管出口比重较高，但产品销售率仍在中部垫底，仅 93.20%，企业经营管理能力是发展面临的主要问题。湖南省综合排名第二，规模实力指标表现较差，但经济效益和市场实力指标都做到了中部第一的位置，有力推动了综合排名的上升。湖南省拥有 463 家规模以上企业，但产值和全员劳动生产率不高，因此提高企业生产能力是提高竞争力的关键。安徽省综合排名第三，规模实力和经济效益指标均在中部排名第二，企业数量是安徽省主要的竞争优势，提高行业竞争力需要以产业集聚为突破口，充分扬长避短。湖北省综合排名第四，经济效益指标表现较好，其中全员劳动生产率做到了中部第一的位置，整体发展质量较好。但国内市场占有率较小，国外出口比重也较低，市场争夺的能力略显落后。江西省排名第五，经济效益和市场实力指标均表现较差，全省拥有 424 家规模以上企业但产值和主营业务收入均较低，企业生产和获利能力不高。山西省排名第六，总体而言行业规模较小，企业实力较弱。但山西省以 77.86% 的出口比重位居中部第一，最终产品销售率为 103.42%，选择以出口为主要途径销售产品成效显著。

仪器仪表制造业：安徽省综合排名第一，规模实力和市场实力指标均为中部第二。经济效益指标中各项三级指标均属于中部前列水平，突出的企业实力较好地巩固了安徽省行业规模扩张和发展的成果。河南省综合排名第二，规模实力突出，产值和主营业务收入均遥遥领先中部其他省份。但企业经济效益较差，尤其是全员劳动生产率在中部垫底，规模扩张的质量不高，投入与产出的比率需要进一步提高。湖南省综合排名第三，经济效益指标表现较好，但成本费用利润率排名中部第五，企业盈利能力存在一定问题。市场实力指标同样在中部排名第五，国内市场份额较高，但产品销售率仅为 93.83% 在中部垫底，提升竞争力需要在提高企业销售规划能力的同时重视开拓国外市场。江西省排名第四，行业规模较小，2016 年仅拥有 82 家规模以上企业。但经济效益和市场实力较好，其中企业盈利能力较强，出口比重较高，助力产品销售率达到了

101.9%，发展优势明显。湖北省综合排名第五，产品在国内外市场均缺乏竞争力，导致产品销售率较低，湖北省市场实力较为落后是发展一大劣势。山西省排名第六，2016年仅拥有15家规模以上企业，但全员劳动生产率高于河南、湖北、江西三省，企业生产能力达到中部中等水平，具有一定的发展潜力。

第三节　中部地区提升工业竞争力的对策

一、中部地区整体提升工业竞争力的对策

（一）明确高质量阶段的工业方向，扩张规模提升质量

中部地区工业规模扩张速度较快，但面向工业化后期的产业结构转型阶段，工业盲目扩张并不可取，因此需要以高质量发展目标为标杆和旗帜，重视提升规模扩张的质量。首先，中部地区工业发展应该通过产权变革、体制创新、放活市场等方式激活微观市场主体的活力，同时统筹区域规划与产业布局，减少中部地区主导产业的重合度，从宏观和微观两个角度入手提升规模扩张的质量；其次，中部地区应发挥大中企业数量占比大的优势，有目的地培育龙头企业以带动和引领相关产业的发展壮大，凭借辐射效应集聚产业块与整合产业链，实现工业行业的规模有效扩张；再次，中部地区应促进全要素生产率的增长，鼓励工业企业实现发展要从生产要素投入量驱动向要素利用效率驱动转变，尤其是发挥技术进步、企业管理、规模经济等因素的作用，适当增加利于提高技术创新能力和生产效率的固定资产；最后，中部地区存在就业与产业二元结构矛盾，对此应该以实现农业现代化、城乡一体化为前提输出第一产业的滞留劳动力，并且发挥生产性服务业对工业发展的支持作用，以全新的人力投入结构带动工业高质量规模扩张。

（二）把握新时代工业发展机遇，提高企业经济效益

中部地区工业企业经济效益总体较好，但近几年盈利能力下降严重，面对不断加剧的工业竞争环境，全力把握新时代工业发展机遇是突破现状的关键。从信息化时代、"互联网＋"兴起再到绿色发展、"智能制造"

时代，高质量发展阶段不断出现新的工业发展机会。面对如今尚未定型的新兴产业市场，全国各地处在同一起跑线上，拥有相对平等的发展机会，中部地区在此时培育新产能新业态将促进工业经济效益的全面改善。首先，2015 年发布的《中国制造 2025》是我国实施制造强国战略的第一个十年行动规划，也是高质量发展阶段重要的纲领性主导性文件。中部地区应该紧跟国家发展战略，按照纲领要求将中部制造业的规模优势转化为竞争优势，依靠两化融合提升制造业智能化率，重点发展高档数控机床、3D 打印、智能仪器仪表、智能电网、智能环保设备等智能化专用设备，以及人工智能和智能制造的生产性服务业，凭借产业基础迅速占领新兴市场。其次，市场竞争归根结底是产品的竞争，中部地区创新能力和水平提升较快，应充分利用这一后发优势紧抓新一轮技术革命机遇，以提高工业科技成果转化率、创造新产品、培育新动能，用科技进步夯实企业基础从而在竞争中获利。

（三）重点发展技术密集型工业，推动工业结构转型

中部地区工业结构转型进度落后，目前仍以资源密集型和劳动密集型工业为主，是整体竞争力不高的根本原因。为此，中部地区应该改变以传统制造为主的发展路径，重点发展技术密集型的现代工业。首先，中部工业资源依赖性强，面对资源枯竭困境需要加快对传统产业的改造升级。一是通过发展循环工业加大对工业"三废"的综合利用，减少资源浪费和环境污染；二是通过延长产业链、增加产品附加值等方式提高企业利润，并且实现产业多元化发展；三是通过加大科技创新投入力度实现中端制造向中高端创造转变；四是通过淘汰落后产业、整合低效益产业来促使中部工业向绿色化、现代化、高端化方向发展。其次，尽管中部地区高技术产业发展速度较快，但在高质量发展阶段与东部地区对比下仍存在较大的赶超压力，因此必须突破核心技术限制的瓶颈。一方面应该将资源优势转化为技术专利优势，通过培育科技创新主体、构建科技创新平台、推动产学研结合等方式促进智能制造、先进制造的大幅进步；另一方面应该适当加大对有竞争潜力的高新技术产业在资金、人才、设备等方面的投入，如江西省的航空工业、光伏产业等，湖北省的集成电路、新材料产业等；河南省的电子信息、生物工程等；安徽省的新能源汽车、先进装备制造产业等；湖南省的生物医药、机电制造产业等；山西省的 LED、现代煤化工等。

（四）坚持创新引领加快产业集聚，积累工业发展潜力

转型时期中部地区应该更加注重工业发展潜力的积累，同时需要具备相应的转潜力为竞争优势的能力，为此产业集聚和创新驱动是必经之路。首先，工业园区是加快工业集聚的主要载体和途径，但中部地区工业园区数量较少，2018 年全国 219 家国家级经济开发区中中部共拥有 50家，156 家国家高新技术产业开发区中中部共拥有 38 家。因此中部地区应该首先完善现有工业园区的基础设施建设和功能设计，根据当地工业发展现状推进特色工业园区建设。其次应该支持和鼓励各地申请国家级工业园区和建设新的园区，在此基础上加大招商引资的力度，重点吸引大企业、大项目入驻，以此带动企业、人才、资金等基本生产要素的集聚，通过打造完整的产业链条来提高园区竞争力实现盈利增长。最后，创新驱动是工业发展的关键路径，高质量发展阶段的工业竞争必然是核心技术和专利品牌的竞争。中部地区应该以彻底转变工业发展理念为基础和前提，由传统的资源驱动、要素驱动向技术驱动、创新驱动的现代化观念转变，通过政策支持、人才引进、财政投入、扩大对外开放、加强技术合作、创办创新基地以及打造自主创新示范区等方式积极推动工业创新能力的增长。目前中部地区 R&D 投入增长较快，应该注意提高投入—产出效益，做到冒险与谨慎相结合。

（五）完善工业信息化支持环境，全力支持两化融合

两化融合强调工业化与信息化的相互促进、相互支持，达到深度结合，对高质量阶段及时把握发展机会、创生新经济新业态、提升工业竞争力具有重要作用，是新型工业化道路和工业可持续发展的内在要求。一方面，基础设施是工业信息化发展的物质基础，基础设施的完善程度在一定程度上决定了两化融合的深度。但中部地区在信息化基础设施的建设上远远落后于东部地区，不利于高质量阶段的工业赶超，对此应该针对不同省份的实际情况合理进行基建长期规划，通过加大投资力度和推动政企合作等方式完善长途光缆线路、移动电话机容量、互联网接入端口等工业信息化支持环境，为工业信息化提供良好的"硬件"环境。另一方面，应该同步推进中部地区工业信息化"软件"环境的改善。首先充分发挥各级工业和信息化政府及委员会的作用，从管理者转变为服务者，深入了解企业解决实际问题，实地考察厂区打造最适合的工业环

境；其次应该针对中小企业融资难的问题出台相应扶持政策，拓宽融资渠道、放活金融机构，满足工业企业信息化改造的资金需求。

二、中部六省各自提升工业竞争力的对策

（一）山西省

过度依赖资源的工业结构是山西省工业竞争力在中部垫底的根本原因，因此山西应该首先改变本省工业结构。一是合理整改煤炭、冶金、电力、焦炭等具有支柱地位的资源密集型产业；二是适时淘汰不符合工业发展要求的产业链短、附加值低的传统产业；三是加大企业技术投入，在实现绿色化的同时发展智能化、集中化、创新化；四是将资源工业从粗放型向集约型转变，从单一开采加工向多元化工业结构转变；五是全面挖掘、遴选一批具有独特优势条件、行业辐射效应强的技术密集型行业进行重点培育和单独帮扶；六是鼓励、支持技术创新和高新技术产业发展，以新产业新动能带动工业转型。

山西省工业发展进程较为脆弱，受到外界环境影响和区域竞争挤压较大，为此应该制定合理的工业发展规划，循序渐进进行工业改造升级。首先，资源型产业在长期内仍然是山西省的经济支柱，不能盲目跟风进行大范围跨步骤的改造，应该引导资源产业加强与高端制造业的合作，将资源优势、传统产业优势彻底地转化为竞争优势，如电力产业加强同高端制造业之间的联系合作能放大山西的资源优势；其次，山西省制定政策具有滞后性，而落后地区对国家政策更需要及时把握并跟进，利于进行正确的道路选择和规划，因此山西应该紧跟国家发展规划及时推出省内对接战略。

山西省具有较丰富的自然资源，省内交通基础设施也相对完善，但人才及信息化设施不足是一大发展障碍，尤其人才缺失是阻碍技术创新和工业结构转型升级的关键因素，因此需要打造良好的工业发展环境。首先，在完善信息化基础设施建设方面，山西省应该重点提高互联网普及率和信息通达速度。其次，在吸引人才方面，山西省可以通过增加职业技能培训机构、鼓励和支持企业创办职工教育与技能培训学校等方式增加技术岗位后备人才；可以通过加大高端人才引进力度、完善工业园区文化设施、举办鼓励人才"返乡创业"相关活动等方式为增加高端技术人才储备。

（二）安徽省

安徽省工业竞争潜力排名中部第一，但就现阶段而言技术密集型工业行业的竞争实力较弱，加快实现发展潜力向竞争实力的转变是安徽省实现中部工业进位的主要途径。首先，安徽省应该充分发挥在技术创新能力和工业结构转换能力上的绝对优势，在提高科技成果转换率的同时创造本省特有的专利品牌，以扩大安徽市场影响力进而增强工业实力；其次，安徽省技术密集型行业落后的原因主要是经济效益指标的竞争力不强，因此应该通过技术进步提高企业生产效率和经营效率，并且凭借结构优化的优势抢占新兴市场，增强企业盈利能力；最后，大力支持重点产业"走出去"，通过国际合作一方面巩固技术优势，另一方面打开国外市场，进一步培养核心竞争力。

安徽省在硬件条件和软件装备两方面均发展良好，但存在工业总体规模较小的问题，因此安徽省在着力结构升级的同时也要注重传统产业的规模扩张。首先，对冶金、化工、食品加工等资源密集型及劳动密集型产业进行新一轮的技术改造和管理模式创新，以提高工业增加值，创造更多的主营业务收入；其次，加快产业集聚整合传统工业，将硬件条件的优势用到实处，同时需要重视新兴市场、培育新动能，发挥软件装备的优势，实现工业总量的增长。

安徽省基础设施建设和完善较为迅速，有力支撑了创新能力和高技术产业的发展，但工业环境上存在资源和高端人才缺少的问题，需要通过资源共享、引进和统筹区域分配等方法补齐短板。首先，安徽省经济发展受水资源限制较多，为此于 2012 年实行了严格的水资源管理制度，限制了万元工业增加值用水量。安徽省应该进一步提高工业用水效率，减少浪费的同时加大废水处理力度，实现循环利用。安徽省也可以通过工程建设实现水资源共享，打破行政区域限制。其次，安徽省高校资源在中部地区略显不足，对此应该利用现有资源加大产学研合作力度，并在"人才争夺战"中推出适合的人才引进政策，争取吸引高端技术人才入皖。

（三）江西省

江西省工业竞争力增长速度居中部首位，实现中部进位需要充分发挥后发优势以实现弯道超车。首先，江西省在政策制定和道路规划上与国家战略的趋同程度不高，不利于发展机会的及时把握，对此应该在工业强省计划基础上推出对接《中国制造2025》的制造强省规划，将智能制造单独纳入全省重要战略规划中，找准中国工业发展中的江西定位。其次，江西省于2019年推出了"2＋6＋N"产业行动计划，为确保计划的顺利实施与按时完成需要做到以下三点：一是根据产业特色和发展现状细化产业规划；二是以工业园区为重要载体，以完善和培育龙头企业为关键通道来推动工业集聚；三是加大投入力度增强企业技术创新能力为高质量发展阶段奠定技术基础，以保持工业的高速增长。最后，江西省拥有丰富的资源储备和良好的生态环境，应该通过完善绿色顶层设计、延长产业链、转变工业结构等方式将资源和生态优势充分转换为工业发展优势。

江西省工业企业经济效益表现较好，产品外向度较高，是本省工业实力竞争力的主要来源，因此提高江西工业综合竞争力需要保持优秀的企业质量。首先，江西省应该利用生产能力和效率的优势进行规模扩张，并加大技术投入提高全要素生产率以适应高质量阶段的竞争；其次，江西省应该制定灵活的市场制度、深化国有企业改革，以进一步保持江西的经济效益优势；最后，江西省应该利用资产重组或企业联合的方式发展高新技术产业，利用工业企业的经济效益优势来推动结构转换。

江西省应该通过两化融合促进工业和"互联网＋"的协同。对此，完善信息化基础设施建设是首要前提。江西省在加大产业投入的同时需要注重作为发展基础和推动力的工业环境建设。其次，应该重点发展面向智能制造的生产性服务业，为工业发展提供两化融合的工程实施设计等综合服务。

（四）河南省

河南省工业体量较大，但工业企业经济效益一般，具体表现在投入一产出的效率不高以及产品出口比重较低两个方面，为此河南省应该改善企业经济效益。首先，河南省应该注重提升规模扩张的质量，关注微观主体的经营状况。一是适当减少生产要素投入以免产生资源浪费；二是通过引进先进的技术设备以及改造生产用固定资产等方式提升生产率；三是通过提高产品科技含量、提升劳动者文化和技术水平、提高要素生产效率等方法将粗放型增长模式转变为集约型增长模式。其次，河南省应该鼓励企业采用现代化的管理方法，从提高管理者的业务素质入手去改善企业经营状况。同时河南省应该建立与完善现代企业制度，全方位改善工业经济效益。最后，河南省应该扩大对外开放，鼓励产品出口和企业"走出去"，积极开拓国际市场提高产品销售率。并且提高产品技术含量，增加产品附加值，以摆脱国际贸易中的"比较优势陷阱"，提高出口竞争力。

河南省工业竞争力增长速度较慢，尤其是高新技术产业发展缓慢，为此河南省应该加快转变工业结构。首先，河南省需要从淘汰落后产能和培育新动能两方面入手来改造传统产业。按《河南省推进工业结构调整打赢污染防治攻坚战工作方案》要求，河南应该严格市场准入以缓解产能过剩的问题，设立标准淘汰一批落后产能以腾出园区工业产业承载力。河南省应该鼓励兼并重组以进行资源整合，培育新动能以抓住发展机遇，具体来说可以将互联网、大数据、人工智能等与传统产业深度融合，在两化融合基础上加快建设工业云。其次，发展高新技术产业应该提高全省的科技创新能力。一是加大资金和人力资源投入以提高企业R&D水平；二是重点培养有发展优势和特色的战略性产业，包括生物医药、新能源及新材料等；三是通过产业集群形成完整产业链从而实现高新技术产业的快速增长，实现结构转型。

（五）湖北省

湖北省工业在各项指标上发展较均衡，但不利于实现中部崛起，对此应该激活湖北省工业发展动能和培育新的工业经济增长点。一方面湖北省工业结构转型进度较快，应该利用这个优势将工业发展从要素驱动向创新驱动转变，将工业潜力转变为工业实力；另一方面湖北省需要利用自身良好的经济基础和创新实践基础建立完善的高质量工业体系，以打造全新的湖北品牌来扩大工业影响力，培育支柱型工业产业。

湖北省高校资源丰厚，但人才流出问题严重不利于发展高质量工业，对此应该制定适合的人才机制。首先通过放松落户制度、完善养老制度和社保服务、鼓励企业采用技术入股等方式留住人才；其次可以通过高校建设、专业拓展、开办职业培训机构等方式培育新的人才；最后可以通过政策支持、创建人才基地、提供生活补助和购房补贴、鼓励建立人才服务中介机构等方式吸引人才回流及流入。

以汽车制造业为代表，湖北省部分工业产业做到了中部龙头甚至全国前列的水平，应该在持续巩固产业地位的同时整合产业链，推动配套发展。首先需要依靠技术创新突破产业瓶颈，打造湖北特色品牌，通过发挥品牌效应反向推动制造水平以及产业配套能力的提升；其次完善工业园区建设并合理规划园区产业布局，加快工业集聚、探索工业生产的新方式，以实现工业竞争力的增长。

（六）　湖南省

湖南省工业实力和工业环境竞争力增长缓慢，但工业潜力竞争力属于中部前列水平，为此应该充分扬长避短，坚持科技创新引领不放松的同时改善工业环境。在坚持科技创新引领方面，一是完善知识产权保护制度为企业研发新产品提供法律保护；二是打造长株潭国家自主创新示范区核心平台；三是通过鼓励创新、引进高端人才、引进技术等方式引导企业自主创新。在改善工业环境方面，应该立足湖南产业发展的需要完善省内交通网，打造城市集群，并利用经湖南全国高铁沿线等加强省际合作，培育新的工业增长带。

湖南省工业实力竞争力不足，以经济效益为主要限制，尤其是规模较大的行业表现较差，为此应该重视规模型产业的发展，以提高总体竞争力。首先，给予小微企业足够的支持和帮扶，如增设小额贷款公司、放宽银行贷款限制等，推动小微企业发展达到规模以上标准；其次，对于规模较大的行业应该增强企业活力，尤其是通过国有企业改革发挥大国企的引领带动作用，加强企业合作形成良性竞争；最后，将提高企业经济效益放在发展的重要位置，利用技术密集型工业企业经济效益良好的优势以产业合作和集聚的方式推动企业之间互帮互助，以管理经验分享、技术共享的方式提升总体生产效率和企业经营管理能力。

第四章

中部地区农业竞争力评价

第一节　农业竞争力评价研究综述

　　农业竞争力既是一个国家或地区的农业在某一特定期间所拥有的竞争优势，又是一个具有形成、保持、增强及衰退过程特征的动态的概念。随着时间的推移和农业的发展，原有的一些竞争优势可能会减弱，而一些潜在的优势可能会形成新的竞争力，从这个意义上说，农业竞争力可以分为现实竞争力和潜在竞争力两个部分。王秉安、李闽榕分析了福建省的农业竞争力，从总量增长、增长率和人均量三个方面选取了 11 个指标进行比较分析。翁鸣、陈劲松等学者系统分析了加入 WTO 对中国农业的影响及如何提高我国农业竞争力。李闽榕、李建兴等学者对 2006 ~ 2010 年福建农业竞争力进行了评价和预测分析。游士兵、肖加元从现代农业生产要素条件、农产品需求状况、相关产业发展状况、农业经营主体竞争力和机制竞争力五个方面构建指标体系。田珍从农业资源状况、农业经济增长与发展状况、农业产业化经营程度和农业现代化程度四个方面针对地区农业竞争力构建了一套农业竞争力评价指标体系。李怡、赵泉民选取了部分代表性指标对中国改革开放以来农业竞争力进行时间序列分析，据此重新划分了农业发展阶段，并提出了提高中国农业竞争力的建议。

　　农业竞争力评价是指通过一系列指标去量化农业竞争力，通过有形的数字去表示农业竞争力。国内学界针对农业竞争力测度体系的相关研究较为丰富。翁鸣、陈劲松建立了含有 2 个一级子系统、8 个二级子系统及 16 个三级子系统的中国农业国际竞争力评价指标体系，并利用该体系比较和分析了中国农业国际竞争力水平。余鸣建立了综合指标与比较优势互动式测定评价模型，全面测评了我国畜牧业国际竞争力。从已有文献来看，评价农业竞争力并不缺乏定量化的分析和方法，但由于农业竞争力各影响因素之间的逻辑关系、影响作用难以真正表述清楚，省域间农业竞争力的评价无法形成统一的评价标准。农业竞争力评价一般采用主成分分析法、层次分析法、专家评定法和模糊三角法等。张鑫运用距离函数模型评价我国功能农业竞争力水平。郑军运用层次分析法评价我国生态农业竞争力水平。薛选登运用主成分分析法评价河南农业竞争力水平。侯彦明提出可以采用模糊三角数和专家评定相结合的方法对农业竞争力进行评价。肖舒刘运用因子分析法提取出农业生产力、农村居民生活水平、农业规模和农业结构4个公因子对四川省21市（州）的农业竞争力进行评价。孙致陆基于主成分分析的因子分析法对中部地区的农业现代化水平综合竞争力进行分析，估算了1981~2006年中部六省的农业现代化水平综合评价值。姚爱萍运用简单相关分析、二阶偏相关分析和一阶偏相关分析分别对农业生产要素、农业生活条件以及科技与教育水平等省域农业竞争力解释性指标的相关性进行了研究。

第二节　中部地区农业发展现状

一、中部地区农业发展优势

我国中部地区东接沿海，西接内陆，包括了山西、河南、江西、湖北、湖南及安徽六个省份。截至2017年底，中部地区土地面积约102.8万平方公里，常住人口约3.68亿人，生产总值约17.94万亿元，人均生产总值约4.87万元。中部地区历史厚重，资源丰富，工农业基础雄厚，现代服务业发展迅速，是我国的人口大区、交通枢纽、经济腹地和重要市场，在中国地域分工中扮演着重要角色。

（一）生产条件优越，自然资源禀赋好

中部六省拥有相当丰富的耕地资源，洞庭湖平原、江汉平原和鄱阳湖平原等地耕地质量好，土壤肥沃。同时，水资源拥有情况良好，长江、黄河、海河、淮河四大水系均位于中部地区，洞庭湖、鄱阳湖、巢湖等也提供了良好的生态环境和丰厚的水资源储备。2009年末，中部六省的

耕地面积为 28 993 千公顷，占全国耕地面积的 23.82%，其中农田有效灌溉面积以 16 485.1 千公顷在全国占比达 27.82%。农作物播种面积为 47 858.7 千公顷，占全国农作物总播种面积的 30.17%，其中粮食作物播种面积以 34 921.9 千公顷在全国占比达 32.04%。中部地区不仅可利用土地比重大，耕地利用效率也较高。中部地区处于亚热带和温带之间，气候适宜，日照充足，无霜期长，温和湿润，能够为农业发展提供有利的自然条件，满足农作物生长的需要。受自然条件的影响，中部地区农业慢慢发展了长株潭"两型农业"、武汉市现代都市农业、山西节水农业等特色农业带。①

（二）劳动力资源丰富，农业地位突出

中部地区农村劳动力资源丰富，为中部地区农业发展提供了丰富的人力资本。2009 年中部六省总人口数为 35 603 万人，占全国总人口数的 26.68%，其中乡村人口数为 20 556 万人，占全国乡村人口数的 28.84%，占中部地区总人数的比重为 57.74%。2009 年中部地区乡村就业劳动力人数为 15 956 万人，占全国乡村就业劳动力总人数的 34.04%，占中部地区总人数的比重为 44.82%。中部地区第一产业从业劳动力为 8 729 万人，占全国第一产业从业劳动力总数的 29.38%。中部地区是全国重要的农副产品主产区，如河南素有"中原粮仓"之称，湖南素有"鱼米之乡"之称等，农业地位突出。2009 年中部地区粮食总产量为 16 615.3 万吨，占全国粮食总产量的 31.3%；中部地区油料产量为 1 385.67 万吨，占全国油料总产量的 43.93%；中部地区棉花产量为 176.51 万吨，占全国棉花总产量的 27.68%；中部地区猪肉总产量为 1 556.2 万吨，占全国猪肉总产量的 31.82%。②

（三）区位优势明显，交通发达

从地理位置来看，中部地区位于全国的中心位置，区位优势明显，是全国承东启西、连南贯北的桥梁和枢纽。具体来看，中部地区南部的湘、赣毗邻珠三角地区和港澳地区；东部的皖、赣紧靠以上海为中心区域的长江三角洲；北部的晋、豫紧靠以京津为中心的环渤海经济圈；西部的鄂、豫、湘是东部地区向西部地区产业转移的必经桥梁。此外，中

---

① 本段原始数据源自《中国农村统计年鉴（2010）》。
② 本段原始数据源自《中国统计年鉴（2010）》。

部地区交通发达，拥有以铁路、公路、水运、航空等多种交通运输方式构建的现代运输体系。在农村公路"村村通"工程的支持下，中部地区农产品的运输和销售拥有便利的交通条件，为促进中部地区现代农业的发展提供了强有力的保障与支持。

（四） 拥有较强的农业科技力量

农业科技的注入能有效地提高农业的产量和质量。中部地区农业科技力量较强，具有相对领先的农业科技优势。截至 2005 年底，中部地区拥有农业科技人员 11 019 人，占全国农业科技人员总人数的 18.6%；拥有农业科研机构 269 个，占全国农业科研机构总数的 23.5%。此外，中部地区还拥有一批农业高等院校、农业高职院校和农业职业中学，每年培养了许多的农业技术人才。中部地区已初步形成一条以农业高等院校、农业科研机构为源头，以农业合作经济组织、农业龙头企业、农业高科技企业为主体的农科教、产学研结合的现代农业发展新路子。强大的农业科技力量为中部地区发展现代农业奠定了科技基础。

二、中部地区农业发展现状

（一） 耕地资源拥有现状

耕地是农业生产中最重要的生产资料，耕地数量及粮食播种面积直接影响粮食综合生产能力。耕地资源数量安全是粮食安全的基础，耕地面积是表征耕地资源数量安全的重要指标。我国人地矛盾突出，人均耕地面积仅为世界水平的 42.37%，我国以占世界 9% 的耕地面积养活着世界 22% 的人口。中部地区耕地资源绝对数量多，近年来耕地面积及其占全国的比重总体呈现上升趋势，粮食播种面积逐年增加。在我国耕地资源总体匮乏的背景下，2007 ~ 2016 年中部地区耕地面积占全国耕地面积的比重一直保持在 21% 以上且在波动中上升（见表 4 - 1）。2008 ~ 2009 年中部地区和全国耕地面积均出现大幅度提升，增长率分别为 20.29% 和 15.22%；2009 ~ 2016 年全国耕地面积减少了 192.13 千公顷，但是中部地区逆势上扬，耕地面积增加了 66.32 千公顷，占全国的比重由 2009 年的 22.53% 下降到 2015 年的 22.61%，2016 年保持不变。

表4－1　　　　　2007～2016年中部地区耕地面积和粮食播种面积

年份	耕地面积（千公顷）			粮食播种面积（千公顷）		
	中部地区	全国	中部地区占比（%）	中部地区	全国	中部地区占比（%）
2007	24 561.56	116 119.7	21.15	31 012.00	105 638.00	29.36
2008	25 308.87	117 266.9	21.58	31 346.00	106 793.00	29.35
2009	30 445.18	135 112.9	22.53	31 852.10	108 985.80	29.23
2010	30 675.45	135 272.4	22.68	32 112.40	109 876.00	29.23
2011	30 637.40	135 239.9	22.65	32 421.10	110 573.00	29.32
2012	30 622.01	135 187.2	22.65	32 662.70	111 204.60	29.37
2013	30 604.31	135 175.1	22.64	32 867.30	111 955.60	29.36
2014	30 497.82	135 012.1	22.59	33 167.90	112 723.00	29.42
2015	30 525.50	134 998.9	22.61	33 303.52	113 342.90	29.38
2016	30 511.50	134 920.8	22.61	33 185.75	113 034.50	29.36

资料来源：各年度《中国农村统计年鉴》。

中部地区粮食播种面积占全国粮食播种总面积的比重波动但无明显增减变动趋势。具体来看，2007年占比29.36%，2010年占比29.23%，略有下降；2010～2014年小幅上升，2014年占比达到最大，为29.42%；2016年与2007年持平，总体变化幅度不大。全国和中部地区粮食播种面积具有同步变化趋势，2007～2015年逐年递增，全国共增加了7 704.9千公顷，中部地区增加了2 291.5千公顷，占全国增加粮食播种面积的29.74%。

如表4－2所示，中部地区耕地资源和粮食种植面积分布较不均衡。比较中部地区六个省份的耕地面积和粮食播种面积可以发现，各省用于粮食生产的耕地利用状况存在差异。山西、湖南、湖北耕地面积占中部地区耕地面积的比重明显高于粮食播种面积占中部地区粮食播种面积的比重。其中山西耕地面积占中部地区耕地面积的13.79%，而粮食播种面积占比仅为9.94%，耕地面积占比高于粮食播种面积占比3.85个百分点。江西、安徽、河南粮食播种面积占中部地区粮食播种面积的比重高于耕地面积占中部地区耕地面积的比重，其中河南省最为明显，耕地面积占比27.03%，粮食播种面积占比却高达30.62%，相差3.59个百分点。

表 4 - 2　　　　　2007～2016 年平均耕地面积和粮食作物播种面积情况　单位：千公顷

	耕地面积	中部地区	占比（％）	播种面积	中部地区	占比（％）
山西	4 060.50	29 438.96	13.79	3 219.41	32 393.08	9.94
安徽	5 535.87	29 438.96	18.80	6 603.60	32 393.08	20.39
江西	2 938.86	29 438.96	9.98	3 645.31	32 393.08	11.25
河南	7 956.77	29 438.96	27.03	9 918.18	32 393.08	30.62
湖北	4 873.72	29 438.96	16.56	4 826.29	32 393.08	14.90
湖南	4 073.25	29 438.96	13.84	4 180.29	32 393.08	12.90

资料来源：各年度《中国农村统计年鉴》。

如表 4 - 3 所示，2007 年中部地区各省耕地面积从大到小依次为河南、安徽、山西、湖南、湖北和江西。其中河南耕地面积是安徽耕地面积的 1.74 倍，是江西耕地面积的 3.36 倍。2009 年，除江西省耕地面积出现下降外，其余省份均表现为不同程度的增加，安徽、湖北增长幅度较大，增速分别为 42.5％ 和 61.8％，山西仅增长 0.3％。因此湖南和湖北相对次序提升，山西省退后两位，调整后各省耕地面积次序为河南、安徽、湖北、湖南、山西和江西。2009～2016 年，除江西和湖南耕地面积增加外，其余省份耕地面积均随时间递减，但耕地面积相对次序未发生改变。

表 4 - 3　　　　　　　　2007～2016 年中部地区各省份耕地面积　　　　　单位：千公顷

省份	2007 年	2008 年	2009 年	2010 年	2011 年	2012 年	2013 年	2014 年	2015 年	2016 年
山西	4 053.5	4 055.8	4 068.4	4 064.2	4 064.5	4 064.2	4 062.0	4 056.8	4 058.8	4 056.8
安徽	4 144.2	4 145.0	5 907.0	5 894.8	5 886.5	5 881.3	5 883.0	5 876.4	5 872.9	5 867.5
江西	2 146.5	2 827.2	2 819.8	3 089.1	3 085.0	3 083.5	3 087.3	3 085.4	3 082.7	3 082.2
河南	7 201.9	7 202.2	8 192.0	8 177.5	8 161.9	8 156.8	8 140.7	8 117.9	8 105.9	8 111.0
湖北	3 226.6	3 289.3	5 323.0	5 312.3	5 301.5	5 290.0	5 281.8	5 212.3	5 255.0	5 245.3
湖南	3 789.0	3 789.4	4 135.0	4 137.5	4 138.0	4 146.3	4 149.5	4 149.0	4 150.2	4 148.7

资料来源：各年度《中国农村统计年鉴》。

如表 4 - 4 所示，2007 年中部地区各省粮食播种面积从大到小依次为河南、安徽、湖南、湖北、江西和山西。其中河南粮食播种面积是安徽的 1.46 倍，是山西的 3.12 倍。年均增长率方面，湖北省年均增长率最高，为 1.09%，河南和湖南次之，分别为 0.83% 和 0.77%，安徽省年均增长率最低，为 0.25%。增长量方面，河南省以 818.15 千公顷遥遥领先，湖北和湖南分别增长 455.47 千公顷和 359.3 千公顷。2016 年各省份排名相对于 2007 没有发生变化。

表 4-4　　　2007～2016 年中部地区各省份粮食作物播种面积　　单位：千公顷

省份	2007 年	2008 年	2009 年	2010 年	2011 年	2012 年	2013 年	2014 年	2015 年	2016 年
山西	3 028.2	3 111.3	3 146.7	3 239.2	3 287.9	3 291.5	3 274.3	3 286.4	3 287.19	3 241.42
安徽	6 477.8	6 561.1	6 605.6	6 616.4	6 621.5	6 622.0	6 625.3	6 628.9	6 632.90	6 644.5
江西	3 525.3	3 578.1	3 604.6	3 639.1	3 650.1	3 675.9	3 690.9	3 697.3	3 705.60	3 686.21
河南	9 468.0	9 600.0	9 683.6	9 740.2	9 859.9	9 985.2	10 081.8	10 209.8	10 267.15	10 286.15
湖北	3 981.4	3 906.7	4 012.5	4 068.2	4 122.1	4 180.1	4 258.4	4 370.4	4 466.033	4 436.87
湖南	4 531.3	4 588.8	4 799.1	4 809.1	4 879.6	4 908	4 936.6	4 975.1	4 944.65	4 890.6

资料来源：各年度《中国农村统计年鉴》。

耕地资源质量安全和生态安全对于保障粮食安全起着至关重要的作用，但中部地区耕地资源质量退化严重，耕地生态系统日趋失衡。近年来，中部地区耕地资源生态环境遭到了严重的破坏，出现了土壤中氮、磷、钾等养分元素的含量减少、耕地水土流失、沙化、盐碱化、土壤肥力下降、工业"三废"污染加重、酸雨侵蚀等问题。随着人口增长、工业化和城市化进程的加快，一方面城镇建设占用使得耕地资源的稀缺性日益增强；另一方面化肥和农药的不合理施用及各类污染导致耕地利用生态问题逐渐凸显。中部地区耕地资源保护、粮食安全保障面临着巨大挑战，耕地生态安全问题频发是中部地区粮食安全可持续发展的制约瓶颈。

（二）粮食生产现状

党的十八大以来，习近平总书记提出了"耕地红线要严防死守，谷物基本自给、口粮绝对安全"的粮食安全基本战略底线。党的十九大报告再次强调，"确保国家粮食安全，把中国人的饭碗牢牢端在自己手中"。首先从全国范围来看，近几年来我国粮食生产连获丰收，安全形势持续向好，粮食供给处于历史高位，已基本解决"吃得饱"的问题。在粮食总量上目前我国粮食生产已能满足消费需求，但由于部分粮食作物相对短缺，需要进口才能满足庞大的市场需求和工业需求，粮食进口量连年攀升。增加粮食产量可以解决从国外进口粮食过多的问题，在某种程度上也可以提高农户的生活质量，粮食加工的副产品可以用于发酵制作制造生物能源，进一步实现资源整合和有效利用。在粮食单产上，随着农业机械化投入增加、化肥农药使用量上升、农田水利灌溉进一步改善，我国粮食单位面积产量不断增加。但是伴随着我国城镇化和工业化的快速推进，大量耕地被征用，粮食生产面积下降，耕地质量下滑，是阻碍粮食单产增加的主要问题。

2004 年以来，我国粮食生产能力大幅提升，粮食产量实现"十二连增"。2016 年粮食产量出现小幅度下降，但仍然保持了 61 625 万吨的较高水平。表 4 – 5 所示，2007～2016 年，中部地区粮食产量占全国粮食产量的比重一直保持在 29% 以上，占比最高的年份为 2007 年，达到 31.77%。10 年间全国粮食累积增产 11 464.7 万吨，增长率为 22.9%；中部地区粮食增产 2 392.6 万吨，增长率为 15.0%，比全国水平低 7.9 个百分点，占粮食增产比例的 20.9%。

表 4 – 5　　　　　　2007～2016 年全国和中部地区粮食产量情况　　单位：万吨，%

年份	粮食产量		
	中部地区	全国	占比
2007	15 935.30	50 160.30	31.77
2008	16 407.10	52 870.90	31.03
2009	16 615.30	53 082.10	31.30
2010	16 720.70	54 647.70	30.60
2011	17 251.70	57 120.80	30.20
2012	17 734.90	58 958.00	30.08
2013	17 849.20	60 193.80	29.65
2014	18 247.90	60 702.60	30.06
2015	18 719.71	62 143.92	30.12
2016	18 327.94	61 625.05	29.74

资料来源：各年度《中国统计年鉴》。

如表 4 – 6 所示，中部地区粮食单位面积产量始终高于全国粮食单产水平，但增速逐渐放缓，甚至出现负增长趋势。2007～2016 年，中部地区粮食单产从 5.14 吨/公顷上升到 5.52 吨/公顷，增长率为 7.48%，而全国粮食单产增长率 14.82%，高出中部地区增长率 7.34 个百分点。绝对量方面，中部地区和全国单产分别以 5.62 吨/公顷和 5.48 吨/公顷在 2015 年达到最大，两者相差 0.14 吨/公顷。中部地区粮食单产增长率在 2011 年达到最大值 2.19%，2016 年达到最小值 -1.75%，全国粮食单产在 2008 年达到最大值 4.26%，在 2009 年达到最小值 -1.62%。

表 4 - 6   2007~2016 年全国和中部地区粮食单产

年份	粮食作物播种面积（千公顷）		粮食产量（万吨）		单产（吨/公顷）	
	中部地区	全国	中部地区	全国	中部地区	全国
2007	31 012.0	105 638.0	15 935.30	50 160.30	5.14	4.75
2008	31 346.0	106 793.0	16 407.10	52 870.90	5.23	4.95
2009	31 852.1	108 985.8	16 615.30	53 082.10	5.22	4.87
2010	32 112.4	109 876.0	16 720.70	54 647.70	5.21	4.97
2011	32 421.1	110 573.0	17 251.70	57 120.80	5.32	5.17
2012	32 662.7	111 204.6	17 734.90	58 958.00	5.43	5.30
2013	32 867.3	111 955.6	17 849.20	60 193.80	5.43	5.38
2014	33 167.9	112 723.0	18 247.90	60 702.60	5.50	5.39
2015	33 303.5	113 342.9	18 719.71	62 143.92	5.62	5.48
2016	33 185.8	113 034.5	18 327.94	61 625.05	5.52	5.45

资料来源：各年度《中国统计年鉴》及《中国农村统计年鉴》。

如表 4 - 7 所示，中部地区各省粮食产量增长趋势明显，省际差异较大。2007~2016 年，河南省累积粮食产量最高，占中部地区累积粮食总产量的 32.29%。安徽、湖南、湖北和江西分别占中部地区累计产量的 18.5%，16.73%，13.93% 和 11.8%，山西累积粮食产量最低，占中部地区总产量的 6.76%。从绝对量来看，河南省粮食累积产量是第二名安徽的 1.74 倍，是最后一名山西的 4.78 倍，10 年间河南省总共增长 701.4 万吨，位列中部第一。2007 年，河南省粮食产量遥遥领先，位居全国之首，总量超出安徽 80.2%；2016 年，河南与中部其他省份的差距有所缩小。增长率方面，山西年均增长率最高，达到了 2.7%，而湖南位于中部第六，仅 0.9%。

表 4 - 7 中部地区 2007～2016 年省际粮食产量变化

单位：万吨

省份	2007 年	2008 年	2009 年	2010 年	2011 年	2012 年	2013 年	2014 年	2015 年	2016 年	总计
山西	1 007.1	1 028.0	942.0	1 085.1	1 193.0	1 274.1	1 312.8	1 330.8	1 259.6	1 318.5	11 751.0
安徽	2 910.4	3 023.3	3 069.9	3 080.5	3 135.5	3 289.1	3 279.6	3 415.8	3 538.1	3 417.4	32 159.6
江西	1 904.0	1 958.1	2 002.6	1 954.7	2 052.8	2 084.8	2 116.1	2 143.5	2 148.7	2 138.1	20 503.4
河南	5 245.2	5 365.5	5 389.0	5 437.1	5 542.5	5 638.6	5 713.7	5 772.3	6 067.1	5 946.6	56 117.6
湖北	2 185.4	2 227.2	2 309.1	2 315.8	2 388.5	2 441.8	2 501.3	2 584.2	2 703.3	2 554.1	24 210.7
湖南	2 692.2	2 8C5.0	2 902.7	2 847.5	2 939.4	3 006.5	2 925.7	3 001.3	3 002.9	2 953.2	29 076.4
中部	15 944.3	16 407.1	16 615.3	16 720.7	17 251.7	17 734.9	17 849.2	18 247.9	18 719.7	18 327.9	173 818.7

资料来源：各年度《中国统计年鉴》。

如表4-8所示，中部地区各省粮食单产水平波动较大，年均粮食单产水平从高到低依次为湖南、湖北、河南、江西、安徽和山西。虽然山西和安徽的粮食单产平均值低于中部地区平均值，但增长率却排名前两位。2007~2016年，山西粮食单产从3.33吨/公顷增加至4.07吨/公顷，增长率高达23.31%%，安徽省从4.49吨/公顷增加至5.14吨/公顷，增长率为14.47%。2007年，湖南以5.94吨/公顷的粮食单产位居中部第一；其次是河南5.54吨/公顷；湖北5.49吨/公顷；江西5.40吨/公顷；其余两省粮食单产均低于5吨/公顷。2016年，湖南以6.04吨/公顷的粮食单产继续保持第一，江西省则以5.80吨/公顷跃居第二，河南以5.78吨/公顷降至第三，湖北第四，最后两名位次无变化。

表4-8　　　　　　　　2007~2016年各省粮食单产及均值　　　　　单位：吨/公顷

省份	2007年	2008年	2009年	2010年	2011年	2012年	2013年	2014年	2015年	2016年	年均
山西	3.33	3.30	2.99	3.35	3.63	3.87	4.01	4.05	3.83	4.07	3.64
安徽	4.49	4.61	4.65	4.66	4.74	4.97	4.95	5.15	5.33	5.14	4.87
江西	5.40	5.47	5.56	5.37	5.62	5.67	5.73	5.80	5.80	5.80	5.62
河南	5.54	5.59	5.57	5.58	5.62	5.65	5.67	5.65	5.91	5.78	5.66
湖北	5.49	5.70	5.75	5.69	5.79	5.84	5.87	5.91	6.05	5.76	5.79
湖南	5.94	6.11	6.05	5.92	6.02	6.13	5.93	6.03	6.07	6.04	6.02
中部	5.14	5.23	5.22	5.21	5.32	5.43	5.43	5.50	5.62	5.52	5.36

资料来源：各年度《中国农村统计年鉴》。

中部地区是我国重要的粮食生产基地，为保障国家粮食安全做出了诸多贡献。目前中部地区粮食产量供应充足但粮食单产水平接近极限，增速放缓，甚至出现负增长趋势。在现有农业生产方式下，中部地区依靠提高粮食单位面积产量来实现总产量增加的难度将持续加大。而随着工业化和城镇化的快速推进、人民生活水平提高和膳食结构改变，社会对粮食的需求呈刚性增长。《中国粮食问题》白皮书预测2030年我国粮食总需求量将达到6.4亿吨左右；陈百明测算出2030年的粮食需求量略高于白皮书为6.99亿吨；尹靖华的预测结果更高，达到9.17亿吨。我国2017年的粮食产量为6.62亿吨，缓解了一定的粮食供给压力，但是随着国际形势的变化，中国需要充分保障自我粮食供给。中部地区在我国粮食生产中具有举足轻重的地位，在供给和需求的双重挤压下，中部地区将面临粮食生产、农产品总量平衡、结构平衡和质量安全等多个方面的压力。

新形势下，结构性矛盾已经成为我国农业发展的主要矛盾，粮食结构不合理、粮食质量不高等问题依然存在。根据国家统计局的粮食统计口径，粮食主要包括稻谷、小麦、玉米、豆类和薯类五大类，这五大类占比高达95%以上。表4-9所示为中部地区粮食产量结构特征的变化情况，具体分析如下。

表4-9 2007~2016年中部地区粮食产量结构特征

年份	粮食产量	稻谷产量		小麦产量		玉米产量		豆类产量		薯类产量	
	万吨	万吨	%	万吨	%	万吨	%	万吨	%	万吨	%
2007	15 935.3	7 511.5	47.1	4 670.1	29.3	2 800.7	17.6	360.0	2.3	476.6	3.0
2008	16 407.1	7 750.5	47.2	4 806.2	29.3	2 945.4	18.0	367.9	2.2	479.1	2.9
2009	16 615.3	7 933.5	47.7	4 784.3	28.8	3 004.5	18.1	351.2	2.1	466.0	2.8
2010	16 720.7	7 777.2	46.5	4 876.2	29.2	3 151.0	18.8	351.8	2.1	482.4	2.9
2011	17 251.7	8 004.5	46.4	4 936.2	28.6	3 388.9	19.6	343.9	2.0	494.5	2.9
2012	17 734.9	8 145.7	45.9	5 112.3	28.8	3 571.7	20.1	333.1	1.9	480.9	2.7
2013	17 849.2	8 090.9	45.3	5 219.4	29.2	3 645.8	20.4	321.4	1.8	474.4	2.7
2014	18 247.9	8 312.5	45.6	5 416.2	29.7	3 630.3	19.9	317.3	1.7	469.6	2.6
2015	18 719.7	8 474.1	45.3	5 616.3	30.0	3 747.2	20.0	314.5	1.7	469.6	2.5
2016	18 327.9	8 252.9	45.0	5 562.0	30.3	3 595.1	19.6	327.7	1.8	474.4	2.6

资料来源：各省各年度统计年鉴。

稻谷在中部地区粮食产量结构中保持着第一大粮食作物的地位，但占粮食总产量的比重呈现下降趋势。数据显示，2007年中部地区稻谷产量为7 511.5万吨，占粮食总产量的比重为47.1%，是中部地区第一大粮食作物构成。2007~2015年，中部地区稻谷产量总体呈现上升趋势，由7 511.5万吨增长至8 474.1万吨，增长率为12.81%。2016年稻谷产量下降了221.2万吨。从占比来看，稻谷产量占粮食总产量的比重总体呈现下降趋势，由2007年的47.1%下降到2016年的45.0%，年平均下降速度为0.21%。虽然占比下降趋势明显，但稻谷作为中部地区第一粮食作物的地位没有变。

小麦在中部地区粮食产量结构中保持第二大粮食作物的地位不变，占粮食总产量的比重逐年升高，年平均上升速度为 0.3%。2007 年中部地区小麦产量为 4 670.1 万吨，占比为 29.3%，与稻谷占比相差 17.8 个百分点。2016 年，中部地区小麦产量上升至 5 562 万吨，增长率 19.10%，高于粮食总产量增长率 0.4 个百分点；小麦占比上升至 30.3%，与稻谷占比相差 14.7 个百分点，两者差距在不断缩小。

玉米占中部地区粮食总产量的比重呈现上升趋势。从产量来看，2007～2016 年，中部地区玉米产量从 2 800.7 万吨增长至 3 595.1 万吨，年均增长率达 2.5%，高于同期粮食总产量增长率和稻谷增长率。从占比来看，2007～2016 年，中部地区玉米产量占粮食总产量的比重从 17.6% 上升至 19.6%，上升了 2 个百分点，继续保持中部地区第三大粮食构成的地位。

豆类产量及其在粮食总产量中所占的比重均呈现下降趋势。2007 年，中部地区豆类产量为 360 万吨，占中部地区粮食总产量的比重为 2.3%，是中部地区第五大粮食构成；2015 年，中部地区豆类产量下降至 314.5 万吨，占中部地区粮食总产量的比重仅 1.7%；2016 年下降趋势有所缓和，但占比仍比 2007 年低 0.5 个百分点。10 年间，中部地区豆类产量年平均增长率为 -0.9%，占粮食总产量的比重以年均 2.3% 的速度下降，中部地区豆类占比下降速度快于产量下降速度。

薯类产量在波动中下降，占粮食总产量的比重也呈现下降趋势。2007～2016 年，中部地区薯类产量从 476.6 万吨下降至 474.4 万吨，下降了 2.2 万吨；中部地区薯类产量占粮食总产量的比重从 3% 下降至 2.6%，下降了 0.4 个百分点。对比豆类，薯类仍然是中部地区第四大粮食构成，且下降速度要低于豆类。

表 4-10 所示，中部六省粮食结构存在较大差异。南方地区纬度较低，太阳光照条件好，降水丰沛，河网密集，灌溉水源充足，而且多低山、丘陵，地势起伏较小，最适合水稻的生长，因此南方省份偏向于种植稻谷。江西省水稻产量占粮食总产量的比重高达 94.1%，湖南省接近九成，湖北省也超过 60%。而对于河南、山西这样的北方省份，自然条件更适宜种植小麦和玉米。安徽省地处南北之间，稻谷和小麦的比例非常接近。

表 4 - 10　　　　　　　2016 年中部地区各省粮食结构情况

省份	粮食产量	稻谷产量		小麦产量		玉米产量		豆类产量		薯类产量	
	万吨	万吨	%	万吨	%	万吨	%	万吨	%	万吨	%
山西省	1 318.51	0.49	0.0	273.41	20.7	888.89	67.4	36.93	2.8	48.68	3.7
安徽省	3 417.4	1 401.8	41.0	1 385.9	40.6	462	13.5	135	4.0	29.9	0.9
江西省	2 138.11	2 012.6	94.1	2.6	0.1	13	0.6	33.78	1.6	74.48	3.5
河南省	5 946.6	542.15	9.1	34 66	58.3	1 745.92	29.4	56.55	1.0	113.08	1.9
湖北省	2 554.12	1 693.52	66.3	428.22	16.8	296.61	11.6	28.94	1.1	96.71	3.8
湖南省	2 953.2	2 602.3	88.1	5.9	0.2	188.7	6.4	36.5	1.2	111.5	3.8

资料来源：各省 2017 年度统计年鉴。

中部地区粮食结构变化具有四个明显特征。一是稻谷继续保持第一粮食作物的地位，小麦和玉米产量和占比呈现出快速上升趋势；二是在中部地区粮食总产量增长的背景下，豆类产量及占比不增反减；三是小麦和薯类的产量稳步增长，占比在波动中下降；四是南北方的气候条件和地理条件存在区别，中部地区内部粮食构成也不尽相同。总的来说，在经济发展进入新常态的背景下，我国粮食安全形势发生了深刻变化，粮食供求结构性矛盾是粮食安全面临的主要问题，具体表现为玉米、稻谷阶段性过剩，而大豆生产不足。中部地区如何适应这种新形势，破解粮食生产的结构性矛盾，适应居民消费结构转型升级，确保安全优质的粮食产品供给，是农业发展面临的大问题。

（三）粮食产销形势与地位

中部各省的粮食供给需求状况不同，粮食的溢出流入问题值得探讨。根据 2000 年和 2017 年的粮食产量，常住人口数，人均粮食消费量等数据，计算出人均粮食生产量、人均粮食消费量、人均产销量和粮食溢出率。其中粮食溢出率是指各省能够达到的保障本地区粮食基本安全的比率，保障粮食基本安全即为保障口粮的供给。计算结果显示如表 4 - 11 所示。

表 4 – 11 中部地区粮食人均产销情况对比表

地区	人均粮食生产量（千克）		人均粮食消费量（千克）		人均产销量（千克）		粮食溢出率（%）	
	2000 年	2017 年	2000 年	2017 年	2000 年	2017 年	2000 年	2017 年
山西	262.8	366	241.6	159.4	21.3	206.7	8.09%	56.46%
安徽	405.7	642.6	270.2	165.5	135.5	477.1	33.39%	74.24%
江西	389.2	480.7	303.6	167.3	85.6	313.4	21.99%	65.20%
河南	432.3	682.5	255.8	128.3	176.5	554.2	40.82%	81.20%
湖北	392.9	482.7	300.6	136.9	92.3	345.4	23.50%	71.62%
湖南	421.8	448	287.5	187	134.4	261.1	31.85%	58.27%

资料来源：国家统计局网站（http://www.stats.gov.cn/）。

表 4 – 11 中可见，2000 年河南省人均粮食产量最多，为 432.3 千克，而山西省最少，仅 262.8 千克，两者相差 169.5 千克。2017 年，中部各省人均粮食产量均有较大提高，其中安徽省增长最快，增长率 58.39%；河南省次之，为 57.88%；湖南增长率最低，仅为 6.21%。2000 年江西省人均粮食消费量最多，为 303.6 千克，而山西省最少，为 241.6 千克。2017 年，江西省依旧保持第一的位置，但是中部地区总体粮食消费量平均下降了 42.82%，反映出居民饮食结构的变化。2000 年河南省人均产销量最大，为 176.5 千克，而山西省最小，仅 21.3 千克。河南省是山西省的 8.28 倍，说明中部各省之间粮食净产量差距较大。2017 年，河南省人均产销量增长至 554.2 千克，是 2000 年的 3.14 倍，增长迅速。2000 年河南省粮食溢出率最高，为 40.82%，其余省份也均为正值，说明中部地区承担着粮食外调的重任。2017 年中部地区总体的粮食溢出率有所提高，反映出中部地区在全国占据着越来越重要的粮食生产和输出地位。

（四）粮食生产投入现状

中部地区粮食产量稳定增长主要源自以下四个方面：一是耕地面积增长所带来的粮食产量的增加；二是复种指数提高带来的粮食播种面积扩增；三是农业科技进步和农药化肥使用；四是国家对农业的财政资金投入加大。表 4 – 12 所示为 2007 ~ 2016 年中部地区的农药化肥使用总量、单位耕地面积施用量及其与全国平均水平的比较。

表 4 - 12　　　　　　　2007~2016 年中部地区农药化肥使用量

年份	化肥施用总量（万吨）		单位耕地面积化肥施用量（千克/公顷）		农药使用总量（万吨）		单位耕地面积农药使用量（千克/公顷）	
	中部地区	全国	中部地区	全国	中部地区	全国	中部地区	全国
2007	1 526.9	5 107.8	621.7	419.6	57.4	162.3	23.4	13.3
2008	1 593.2	5 239.0	629.5	430.4	60.2	167.2	23.8	13.7
2009	1 649.2	5 404.4	541.7	399.2	60.9	170.9	20.0	12.6
2010	1 700.0	5 561.7	554.2	411.2	63.3	175.8	20.6	13.0
2011	1 741.6	5 704.2	568.5	421.8	63.4	178.7	20.7	13.2
2012	1 763.2	5 838.8	575.8	432.0	63.8	180.6	20.8	13.4
2013	1 776.5	5 911.9	580.5	437.4	63.0	180.2	20.6	13.3
2014	1 786.2	5 995.9	585.7	444.0	62.0	180.7	20.3	13.4
2015	1 778.8	6 022.6	582.7	446.1	60.8	178.3	19.9	13.2
2016	1 758.4	5 984.1	576.3	443.5	59.2	174.0	19.4	12.9

资料来源：各年度《中国统计年鉴》。

由表 4 - 12 可见，2007~2016 年中部地区化肥施用总量增长过快，单位耕地面积使用量严重超标。中部地区化肥施用总量约占全国化肥施用总量的 30%，2007~2016 年中部地区化肥施用总量从 1 526.9 万吨增长到 1 758.4 万吨，年均增长 23.2 万吨，增长率 15.16%。中部地区单位耕地面积化肥施用量保持在全国同期水平之上，2008 年达到最高为 629.5 千克/公顷，2009 年最低为 541.7 千克/公顷，超出发达国家规定的安全上限 225 千克/公顷 1.43 倍。化肥中含有的部分重金属和放射性物质会通过土壤沉淀对耕地生态造成潜在威胁，过量的化肥施用不仅会导致土壤中硝酸盐等有害物质增加，还会通过地表径流致使水体污染或富营养化。

2007~2016 年中部地区农药使用总量呈现出倒"U"字型走势。2007~2012 年为增长期，从 57.4 万吨增加到 63.8 万吨，增长率为 11.15%。2012~2016 年为减少期，从 63.8 万吨下降至 59.2 万吨，下降了 7.21%。中部地区单位耕地面积农药使用量高于全国同期水平，2008 年达到最大值 23.8 千克/公顷，2016 年达到最小值 19.4 千克/公顷，整体呈现出波动下降的趋势。尽管农药使用绝对数量在减少，但相对全国而言，中部农药使用依旧保持较高水平。我国使用的农药中 90% 以上是化学农药，生物农药不到 10%，高毒、高残留农药超过 30%，并且农药利用率极低，2015 年仅为 36.6%，即有 76.6 万吨农药残留在耕地土壤中。

表 4-13 所示为 2016 年中部地区各省的农药化肥使用情况，可以看出使用量区域分布极不均衡。从化肥施用总量来看，河南省最高为 715 万吨，占中部地区化肥施用总量的 40.66%，山西省最低为 117.1 万吨，占比仅 6.66%，不足河南省的 1/5。从单位耕地面积化肥施用量来看，中部地区没有一个省份满足了国际标准的 225 千克/公顷的限制，山西省最接近标准，相差 63.6 千克/公顷。河南单位耕地面积化肥施用量严重超标，比中部地区均值高出 52.96%，是国际安全标准上限的 3.91 倍。从农药使用总量来看，河南、湖南、湖北、安徽、江西五省的使用量相差不大，最多的河南省仅高出江西省 3.49 万吨。但山西省与其余五省的差距较大，仅为河南省的 24.1%。从单位耕地面积农药使用量来看，江西、湖南单位耕地面积农药使用量最多，分别为 29.9 千克/公顷、28.6 千克/公顷，超出中部地区区平均水平的 54.26%、47.51%。山西最低，为 7.5 千克/公顷，低于中部地区平均水平 61.16%。

表 4-13 2016 年中部地区各省农药化肥使用情况 单位：万吨

省份	化肥				农药			
	施用总量	占中部地区比重（%）	单位耕地面积施用量	高于中部地区比率（%）	使用总量	占中部地区比重（%）	单位耕地面积施用量	高于中部地区比率（%）
山西	117.1	6.66	288.6	-49.93	3.06	5.16	7.5	-61.16
安徽	327.0	18.60	557.3	-3.29	10.57	17.87	18.0	-7.09
江西	142.0	8.07	460.6	-20.07	9.22	15.58	29.9	54.26
河南	715.0	40.66	881.5	52.96	12.71	21.49	15.7	-19.18
湖北	328.0	18.65	625.2	8.49	11.74	19.84	22.4	15.43
湖南	246.4	14.02	594.0	3.07	11.87	20.06	28.6	47.51

资料来源：《中国统计年鉴（2017）》。

农药化肥的过度使用和盲目使用不仅会造成农业生产成本上升，而且未被吸收利用的化肥和农药残留会造成土壤重金属污染、酸化、盐碱化、生物多样性锐减等一系列生态安全问题，最终会破坏耕地生态系统平衡，限制粮食单产水平的提高，危及粮食产量和产能。尽管农业部制定的化肥农药零增长行动计划取得一定成效，2015 年和 2016 年农药化肥使用量均有所减少，但绝对使用量依然较大。化肥农药滥用给中部地区资源环境造成严重破坏，威胁着中部地区的粮食安全。

科技发展利于粮食产量的提升。农业机械化率的增长和有效灌溉面积的加大都为保障粮食安全提供了强大的支撑，表 4 - 14 所示为 2007 ~ 2016 年中部地区有效灌溉面积情况。

表 4 - 14　　　　　2007 ~ 2016 年中部地区有效灌溉面积情况　　　单位：千公顷

年份	中部地区	全国	占全国比重（%）	中部地区耕地	占耕地面积比重（%）
2007	16 246.6	56 518.3	28.75	24 561.6	66.15
2008	16 577.9	58 471.7	28.35	25 308.9	65.50
2009	16 689.3	59 261.4	28.16	30 445.2	54.82
2010	16 846.2	60 347.7	27.92	30 675.5	54.92
2011	17 103.8	61 681.6	27.73	30 637.4	55.83
2012	17 281.6	63 036.4	27.42	30 622.0	56.44
2013	18 528.7	63 473.3	29.19	30 604.3	60.54
2014	18 799.6	64 539.5	29.13	30 497.8	61.64
2015	19 111.4	65 872.64	29.01	30 525.5	62.61
2016	19 242.4	67 140.62	28.66	30 511.5	63.07

资料来源：各年度《中国农村统计年鉴》。

从绝对量来看，2007 ~ 2016 年中部地区有效灌溉面积表现为持续增长状态，增长了 2 995.9 千公顷，增长率 18.44%，年均增长率 1.71%。但是占全国的比重有一定下降的趋势，中部地区有效灌溉面积增速低于全国增速。有效灌溉面积占耕地面积的比重反映了中部农业技术生产力。2007 ~ 2008 年，中部地区有效灌溉面积都在 65% 以上，处于高位，但 2009 年迅速下降至 54.82%。随着科技发展、技术提升，2009 ~ 2016 年比例持续增长，2016 年恢复到 63.07%。有效灌溉面积的提升也反映了灌溉工程的实施，有利于促进粮食产量的增加。

具体来看，2016 年河南省有效灌溉面积最大，是最后一名山西省的 3.52 倍，有效灌溉面积占中部地区总面积的比重为 32.27%。增长量上安徽省排名第一，增长了 1 034.26 千公顷，而江西省增长最少，仅 196.93 千公顷，是安徽增加量的 19.04%。增长率上湖北省排名第一，为 38.66%，安徽位列第二，为 30.39%，河南增长率最低，为 5.79%。

农业机械和农机装备是转变农业发展方式、提高农村生产力的重要基础，也是实施乡村振兴战略的重要支撑。当前全球农机装备正向着大型复式、节能高效、智能精准的方向加速发展。农业机械化率可以通过农业机械总动力来反映，农业机械总动力越高，农业机械化率提升可能性越高。表 4 - 15 所示为 2007～2016 年中部各省的农业机械总动力变化情况。

表 4 - 15　　　　　　2007～2016 年中部各省农业机械总动力　　　单位：万千瓦

省份	2007 年	2008 年	2009 年	2010 年	2011 年	2012 年	2013 年	2014 年	2015 年	2016 年
山西	2 440.8	2 509.9	2 655.0	2 809.2	2 927.3	3 056.1	3 183.3	3 286.2	3 351.7	1 744.3
安徽	4 535.3	4 807.5	5 108.9	5 409.8	5 657.1	5 902.8	6 140.3	6 365.8	6 581.0	6 867.5
江西	2 506.3	2 946.4	3 358.9	3 805.0	4 200.0	4 599.7	2 014.1	2 118.4	2 260.8	2 201.6
河南	8 718.7	9 429.3	9 817.8	10 195.9	10 515.8	10 872.7	11 150.0	11 476.8	11 710.1	9 855.0
湖北	2 551.1	2 797.0	3 057.2	3 371.0	3 571.2	3 842.2	4 081.1	4 292.9	4 468.1	4 187.8
湖南	3 684.4	4 021.1	4 352.4	4 651.5	4 935.6	5 189.2	5 434.0	5 672.1	5 894.1	6 097.5
中部合计	24 436.6	26 511.2	28 350.3	30 242.4	31 807.0	33 462.7	32 002.8	33 212.2	34 265.7	30 953.6

资料来源：各省各年度统计年鉴。

由表 4 - 15 可见，2007 年河南农业机械总动力最大为 8 718.7 万千瓦，是第二名安徽的 1.92 倍，是最后一名山西省的 3.57 倍。2007～2016 年，仅安徽省和湖南省处于持续增长状态，其余四省在 2016 年都有不同程度的下降。其中河南省减少量最多，相较 2015 年下降了 1 855.13 万千瓦；山西省下降率最高，相较 2015 年下降了 47.96%。可能是受到经济下行压力的影响，农业机械总动力整体下降。

财政农业支出一直是推动农业农村经济发展的催化剂。我国是农业大国，农业资源极为丰富，同时我国也是人口大国，粮食消耗比较大，因此一直以来党和政府对农业的财政支持力度都较大。农业生产总值囊括了种植业、林业、木业、渔业等相关产业的产出，是农业经济发展情况的集中体现。近年来，随着政府财政农业支出力度的不断加大，农业生产总值随之提高，财政农业支出与农业经济发展之间呈现出愈发清晰的正相关关系。因此财政农业支出越多，越有利于推动农业经济的健康稳定发展，也有利于提升粮食生产的效率。

第三节　中部地区粮食产出效率测算及评价

一、模型选取

关于生产效率的测度，现有研究大多采用随机前沿分析方法（SFA）和数据包络分析方法（DEA）。其中 DEA 分析法不需要设定前沿函数的具体形式，也不需要估计和检验参数，可以有效避免设定误差带来的问题。粮食生产技术效率受到农田肥力、机械化程度等多方面因素影响，因此本节采用数据包络分析方法（DEA）来测度粮食生产技术效率。数据包络分析法（DEA）是美国著名运筹学家查纳斯（A. Charnes）提出的一种"面向数据"的系统分析评价方法。DEA 方法可分为基于投入或基于产出两种方法，前者主要是为了测算生产单元相对给定产出水平下最小可能投入的效率，而后者是为了度量实际产出与给定投入水平的最大可能产出差距。在规模收益不变的情况下，两种方法的效率测算结果是相等的。为考察一定要素投入下的粮食生产技术效率，采用了规模报酬可变假设下基于投入导向的 DEA 模型。假设一组决策单元（decision-makingunit，DMU）的数目为 n，每个 DMU 均有 m 个投入 x 和 s 个产出 y。对第 k 个决策单元 DMU_k 的第 i 个投入指标和第 j 个产出指标分别表示为 $x_{ik}(i = 1, 2, \cdots, m)$、$y_{jk}(j = 1, 2, \cdots, s)$，其中 $k \in K = \{1, 2, \cdots, n\}$。决策单元的技术效率可由以下规划的数学模型决定：

$$\min\left[\theta - \varepsilon\left(\sum_{j=1}^{s} s_j^+ + \sum_{i=1}^{m} s_i^-\right)\right] \quad \text{s. t.} \begin{cases} \sum_{k=1}^{n} \lambda_k x_{ik} + s_i^- = \theta x_{iko} \\ \sum_{k=1}^{n} \lambda_k y_{jk} - s_j^+ = \theta y_{jko} \\ \sum_{k=1}^{n} \lambda_k = 1, \lambda_k \geqslant 0 \\ s_i^- \geqslant 0, s_j^+ \geqslant 0 \end{cases}$$

式中，θ 为相对效率值，即粮食投入产出效率；λ_k 为系数向量；s_i^-，s_j^+ 分别为投入指标 x_i 和产出指标 y_j 的松弛变量；ε 是非阿基米德无穷小量。模型的最优解为 θ^*，s_i^{-*}，s_j^{+*}。当 $\theta^* = 1$，$s_i^{-*} = s_j^{+*} = 0$ 时，DMU 处于最优生产前沿面上，DEA 有效；当 $\theta^* = 1$，s_i^{-*} 和 s_j^{+*} 不全为 0 时，DMU 为 DEA 弱有效；其他情况下，DEA 无效。

采用 DEA 模型对中部地区粮食生产效率进行研究，DEA 所得出的数值越高，反映效率就越高，达到 1 则为有效。

二、数据来源及处理

根据已有文献，选取 2011～2017 年中部地区六省的粮食总产量为产出指标，土地投入、技术投入、资本投入和人力投入为四个投入指标进行测度（见表 4 - 16）。各变量数据主要源于《中国农村统计年鉴》《中国统计年鉴》。

表 4 - 16　　　　　　　　　　　投入产出指标

指标	变量	变量说明
产出		粮食总产量（10^4t）
投入	土地投入	粮食作物播种面积（10^3hm^2）
		化肥施用量（10^4t）
	技术投入	农业机械总动力（10^4kW）
		土地有效灌溉面积（10^3hm^2）
		农药使用量（10^4t）
	资本投入	农林水事务支出（10^4元）
	人力投入	第一产业从业人数（10^4人）

三、中部地区的粮食产出效率分析

运用 Deap2.1 软件，从综合技术效率（TE）、纯技术效率（PTE）和规模效率（SE）3 个方面对中部地区粮食生产技术效率进行测度。纯技术效率（PTE）是指单纯由技术进步而产生的效率；规模效率（SE）是由扩大规模而产生的效率；综合技术效率（TE）为纯技术效率和规模效率相乘结果。表 4 - 17 所示为中部六省的粮食生产效率。

表 4 - 17　　　　2011 ~ 2017 年中部地区六省的粮食生产效率

地区	2011 年			2013 年			2015 年			2017 年		
	TE	PTE	SE	TE	PTE	SE	TE	PTE	SE	TE	PTE	SE
山西	0.59	0.62	0.95	0.61	0.63	0.97	0.61	0.63	0.97	0.77	0.85	0.91
安徽	0.71	0.72	0.99	0.67	0.67	1	0.74	0.74	1	0.77	0.79	0.98
江西	0.86	0.86	1	0.85	0.85	0.99	0.87	0.87	1	0.85	0.85	1
河南	0.89	1	0.89	0.8	1	0.8	0.86	1	0.86	0.9	1	0.9
湖北	0.83	0.83	1	0.79	0.79	1	0.84	0.84	1	0.78	0.78	1
湖南	0.86	0.86	1	0.8	0.8	1	0.85	0.85	1	0.82	0.82	1

图 4 - 1 所示为全国粮食生产效率。2011 ~ 2017 年我国粮食综合技术效率均值在 0.82 左右徘徊，粮食生产效率保持一个平稳变化的趋势；规模效率值始终在 0.94 左右震荡；纯技术效率在 0.87 左右震荡。可以看出纯技术效率低是导致粮食生产效率低下的主要原因，而技术效率的普遍偏低也说明了转变我国粮食生产高投入、高消耗、低质量的"粗放式"经营道路还很长。

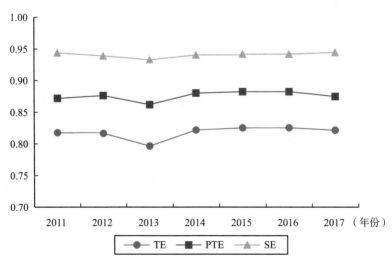

图 4 - 1　2011 ~ 2017 年我国粮食生产效率变动趋势

图 4 - 2 所示为中部六省的粮食生产效率。2011 ~ 2017 年中部地区粮食生产综合效率平均值由大到小依次为河南、江西、湖南、湖北、安徽

和山西，且排名相对稳定。具体来看，中部六省中只有河南省在 2016 年实现了 DEA 有效，其余省份没有达到过 DEA 有效状态。纯技术效率方面，只有河南省在 2011～2017 年全部实现有效。规模效率方面，湖北、湖南在 2011～2017 年的规模效率都为 1；江西除 2013 年之外，其余年份规模效率也均为 1；安徽和河南有些年份达到规模有效；山西省在 2011～2017 年纯技术效率、规模效率都处于无效率状况。中部地区农业机械化率和灌溉效率较低，粮食生产技术有待提升。中部地区大多省份的生产、经营规模较大，因此效率提升较快，但山西规模效率和纯技术效率都没有达到有效，说明山西省在粮食生产方面处于弱势地位，农田利用率较小。

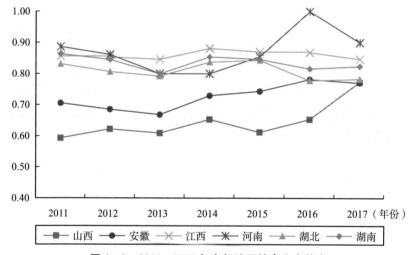

图 4 - 2　2011～2017 年中部地区粮食生产效率

综上所述，各省粮食生产效率主要受技术效率和规模效率的影响，技术效率由农业机械化率，农田灌溉效率，化肥施用量和种子的优良程度等因素来反映；规模效率由生产、经营规模的扩大而提升。中部地区总体规模效率较好，粮食生产效率低下的主要原因是纯技术效率的低下，严重制约了粮食生产可持续发展。

第四节　中部地区农业竞争力评价

农业是国民经济的基础，历来受到高度重视。2004 年至今，中央一号文件已连续17年聚焦三农问题,农业是关系国计民生最重要的产业。农业竞争力是衡量农业发展水平和农业现代化程度的重要指标,其实质是向市场提供安全、可靠的农产品,并能持续获得盈利和保持可持续发展的能力。考虑到中部各省农业产业的可比性,选择粮食产业和畜牧业分别进行竞争力测度和评价。

一、中部地区粮食产业竞争力评价

(一) 评价指标体系设计

1. 指标体系分类

粮食产业竞争力的评价指标主要分为两类:一类是显示性指标,即粮食产业竞争力在市场上的实现程度,包括产业规模和产业效益等;另一类是分析性指标,即反映支撑粮食产业可持续发展的能力,包括产业资源、产业基础设施和产业环境等。分析性指标也会直接或间接影响到显示性指标。

2. 指标体系设计

在具体指标设计时,既参考了国内外已有的研究成果,也考虑到了中部地区粮食产业的特点,征求了部分农业专家和农业管理部门的意见。为体现可比性和公正性,所有指标除产业规模用总量数据外,其他指标均采用均量数据。指标体系由四个层次、三级指标构成,分别为:

(1) 目标层,即"粮食产业竞争力"。

(2) 分系统层,分别为市场竞争力、资源要素竞争力和环境竞争力。

(3) 子系统层,分别为产业规模、产业效益、产业资源、资本投入、技术投入、科技水平和生态环境。

(4) 指标层,由18个具体指标构成。这18个指标一部分可从中部六省统计年鉴和《中国畜牧业统计年鉴》等中直接获得,另外一部分通过对统计年鉴或公报中的原始数据计算整理得到。

(二) 指标说明

1. 市场竞争力指标 (显性竞争力指标)

市场竞争力用产业规模和产业经济效益进行测度。产业规模是评价粮食产业竞争力的重要指标，产业规模越大，越有可能形成规模效应和规模经济，利于在市场竞争中居于主动地位。粮食产业规模选取了粮食作物总产量、粮食产业总产值和产业增加值三个指标。需要说明的是，中部地区农业主要是以粮食产业为主，但各省统计年鉴和国家农业统计公报并没有单列粮食产业增加值这一项，因此选用不含林牧渔业的农业增加值来近似替代粮食产业增加值。

对于产业经济效益，用粮食作物单位面积产量、每一农业劳动力平均粮食产量、农业产业增加值率三个指标进行测度。这三个指标的计算方法为：

（1）粮食作物单位面积产量 = 粮食总产量/粮食作物播种面积。

（2）每一农业劳动力平均粮食产量 = 粮食总产量/第一产业就业人员数。

（3）农业产业增加值率 = 农业增加值/农业总产值。

2. 资源要素竞争力指标（潜在竞争力指标）

粮食生产离不开土地、水、资本、基础设施等资源要素。因此选取了耕地和水资源数量、资本投入、科技水平、基础设施等来反映粮食产业资源要素状况。

考虑到目前中部大部分地区粮食生产还是采用包产到户的方式，土地不是集中使用。因此采用人均粮食播种面积和平均每百亩耕地用水量两个平均值指标来反映粮食产业资源占有情况。这两个指标的计算公式如下：

（1）人均粮食播种面积 = 粮食总播种面积/第一产业就业人员数。

（2）平均每百亩耕地用水量 = 农业用水总量/农作物播种面积。

粮食生产还离不开必要的资本投入。农业资本的投入和积累促进农业技术进步，提高了农业生产水平和劳动生产率。鉴于数据的可获得性，这里用农业固定资产投资强度来反映农业资本投入情况，即第一产业固定资产投资额与第一产业总产值之比。

农田水利等基础设施是粮食生产的重要保障。完备的农业基础设施有利于抵御自然灾害及提高粮食生产自动化、集约化水平。这里选取农业机械化水平、水利化程度两个指标来反映粮食产业基础设施完备程度；选取单位化肥使用量和单位农药施用量两个指标来反映粮食生产过程的生产效率问题。其中农业机械化水平用单位耕地农业机械化率来测度；

水利化程度用粮食作物有效灌溉率来测度。以上四个指标的计算公式如下：

（1）单位耕地农业机械率 = 农业机械总动力/耕地总量。

（2）粮食作物有效灌溉率 = 粮食作物有效灌溉面积/粮食播种总面积。

（3）单位化肥使用量 = 化肥使用总量/耕地总量。

（4）单位农药施用量 = 农药施用总量/耕地总量。

农业科技水平是影响农业生产率和农业产业竞争力的主要因素。农业科技水平的提高有助于改善农业生产技术装备、改进种植技术、培育农业新品种及降低农业生产成本，在现代农业发展中的作用越来越大。鉴于数据的可获得性，选取人力资本质量和种植业良种覆盖率来反映农业科技水平，其中人力资本质量用人均受教育年限来反映。

农业生产的特点决定了生态环境对农业生产具有较大影响。选取森林覆盖率、受灾面积和除涝面积三个指标测度粮食产业的生态环境。

（三）评价模型的构建

1. 指标权重的确定

确定指标权重的方法比较多，主要分为主观法和客观法两类。主观赋权法易受人为主观因素影响，客观性相对差一些；客观赋权法可减轻主观因素的影响，但有时不能充分体现指标的相对重要程度，甚至会与指标的实际重要程度相悖，解释性较差。综合考虑以上因素，采用熵权法确定指标的权重。

熵权综合评价法属于客观综合评价方法中的一种，是按各指标数据所能体现的信息量的多少客观决定各指标的熵权，进而得到综合发展水平的一种方法。假定地区数量为 m，指标数量为 n，用 A_{ij} 表示第 i 个对象第 j 个指标的数据大小。为排除各项指标不同量纲的影响，首先对所有数据进行标准化处理，得到相同量纲的数值。熵权法的处理过程为：

（1）数据标准化处理：

正向指标

$$B_{ij} = \frac{A_{ij} - \min\{A_{ij}\}}{\max\{A_{ij}\} - \min\{A_{ij}\}} \quad (i = 1, 2, \cdots, m; j = 1, 2, \cdots, n)$$

负向指标

$$B_{ij} = \frac{\max\{A_{ij}\} - A_{ij}}{\max\{A_{ij}\} - \min\{A_{ij}\}} \quad (i = 1, 2, \cdots, m; \ j = 1, 2, \cdots, n);$$

（2）比重变换：$C_{ij} = \dfrac{B_{ij}}{\sum\limits_{i=1}^{m} B_{ij}}$；

（3）计算指标的 $D_j = -(\ln m)^{-1} \sum\limits_{i=1}^{m} C_{ij} \ln C_{ij}$，$D_j \in [0, 1]$ 信息熵值；

（4）计算差异系数：$E_j = 1 - D_j$；

（5）计算指标的权重：$W_j = \dfrac{E_j}{\sum\limits_{j=1}^{n} E_j}$。

表 4-18 所示为运用熵权法综合评价法得到的中部地区粮食产业竞争力评价指标权重。

表 4-18　　　　中部地区粮食产业竞争力评价指标权重值

一级指标		二级指标		三级指标	
名称	权重值	名称	权重值	名称	权重值
市场竞争力	0.32	产业规模	0.16	农业总产值	0.05
				粮食作物总产量	0.06
				农业增加值	0.05
		产业效益	0.16	农业产业增加值率	0.09
				粮食作物单位面积产量	0.03
				每一农业劳动力平均粮食产量	0.04
要素竞争力	0.53	产业资源	0.11	人均粮食播种面积	0.06
				单位耕地用水量	0.05
		资本投入	0.14	农业固定资产投资强度	0.14
		技术投入	0.18	农业机械化水平	0.02
				有效灌溉面积	0.06
				单位化肥施用量	0.04
				单位农药施用量	0.06
		科技水平	0.10	人均受教育年限	0.05
				良种覆盖率	0.05

一级指标		二级指标		三级指标	
名称	权重值	名称	权重值	名称	权重值
环境竞争力	0.15	生态环境	0.15	森林覆盖率	0.07
				农作物受灾面积	0.01
				除涝面积	0.07

2. 指标数据的标准化

由于各指标含义不同，量纲也不统一，因此无法对各指标得分直接进行加权汇总。需要先对指标进行无量纲处理，以消除量纲的影响。为避免出现 0 等标准化极值数据，采用比值法对数据进行标准化处理。具体计算公式为：

$$正向指标：X_i = \frac{x_i}{x_{max}} \quad 逆向指标：X_i = \frac{x_{min}}{x_i}$$

式中，X_i 为某一指标的标准化值，x_i 为指标原始值，x_{max} 为指标最大原始值，x_{min} 为指标的最小原始值。

3. 评价模型

（1）横向评价模型。根据粮食产业指标体系设置和指标层次，构建如下粮食产业竞争力评价模型：

$$F = \sum_{k=1}^{n} f_k \left\{ \sum_{i=1}^{m} w_{ki} \left(\sum_{j=1}^{l} a_{ij} X_{ij} \right) \right\}$$

式中，F 为粮食产业竞争力综合评价指数，F 越大说明产业竞争力越强；f_k 为一级指标（显示竞争力、要素竞争力和环境竞争力）的权重；w_{ki} 为第 k 个一级指标中第 i 个二级指标的权重；a_{ij} 为第 i 个二级指标中第 j 个三级指标的权重；X_{ij} 第 i 个二级指标中第 j 个三级指标的标准化值。

通过模型计算出某年度不同省份粮食产业竞争力综合评价指数，可对同一年度中部地区不同省份进行横向比较，从中发现省际差异和存在的问题。

（2）纵向评价模型。竞争力横向评价模型无法反映同一省份不同年度竞争力综合指数及各指标变化情况，即无法反映纵向变化情况。为此，采用综合指数评价方法对各省粮食产业竞争力纵向变化情况进行评价。

综合指数评价方法是一种适用于指标纵向比较的方法，其核心是通过对指标赋以权重值来实现具体指标量化评价，以对同一地区不同年份情况进行纵向比较分析。计算公式如下：

$$M_t = \frac{\sum (X_{i,t} \times W_i)}{\sum (X_{i,2015} \times W_i)} \times 100$$

$$I_t = \left(\frac{X_{i,t}}{X_{i,t-1}} - 1 \right) \times 100$$

式中，$X_{i,t}$ 为第 i 项指标第 t 年经标准化处理后的观测值；$X_{i,t-1}$ 为第 i 项指标第 t-1 年标准化观测值；$X_{i,2015}$ 为第 i 项指标 2015 年标准化观测值；W_i 为第 i 项指标的权重。M_t 为第 t 年某一地区竞争力综合评价指数相对 2015 年的增长值，也称为相对指数，M_t 数值越大，表明该地区第 t 年粮食产业竞争力相对于 2015 年增长越快。I_t 为第 t 年粮食产业竞争力较上一年（即第 t-1 年）的增长指数，I_t 越大，表明较上一年增长越快。

纵向评价模型以 2015 年中部各省粮食产业竞争力综合评价值为基准值，基数为 100。对各指标进行标准化处理后加权汇总，分别计算出不同年份粮食产业竞争力相对 2015 年的增长指数及相对上一年的增长指数，用以实证分析各指标及竞争力综合指数的纵向变化情况。

（四）粮食产业竞争力评价与分析

1. 横向评价结果分析

表 4-19 所示为 2017 年中部六省粮食产业竞争力的综合得分及其排名变动。2017 年中部六省粮食产业竞争力从高到低依次为河南省、安徽省、湖南省、湖北省、江西省、山西省。从排名变动来看，山西省较 2016 年下降 3 个位次；湖南、湖北、安徽上升 1 个位次；江西和河南没有变化。市场竞争力排名依次为河南省、湖南省、安徽省、湖北省、江西省、山西省。其中安徽省上升一位，湖北省下降一位，其余省份相较于 2016 年无变化。资源要素竞争力排名依次为安徽省、河南省、山西省、湖南省、江西省、湖北省。全部省份相较 2016 年排名没有发生变化。环境竞争力排名依次为安徽省、湖北省、湖南省、河南省、江西省、山西省。其中河南省下降一位，湖北省上升一位。对各省粮食产业竞争力的具体分析如下。

表4-19 　　2017年中部六省粮食产业竞争力综合得分及排序情况

省份	市场竞争力			资源竞争力			环境竞争力			总竞争力		
	得分	中部排序	排序变化	得分	中部排序	排序变化	得分	中部排序	排序变化	得分	中部排序	排序变化
山西	11.76	6	0	33.09	1	0	2.75	6	0	47.60	6	↓3
安徽	19.28	3	↑1	31.53	3	0	11.06	1	0	61.87	2	0
江西	15.81	5	0	27.80	5	0	8.98	4	0	52.59	5	↑1
河南	26.51	1	0	32.15	2	0	8.99	3	↓1	67.64	1	0
湖北	19.12	4	↓1	27.19	6	0	9.05	2	↑1	55.35	4	↑1
湖南	19.70	2	0	29.69	4	0	7.16	5	0	56.55	3	↑1

注：排序变化是较2016年。

山西省以47.60分位居中部末位，与其他省份差距不大。山西省的市场竞争力和环境竞争力同样位于中部第六，可以看出山西省粮食产业生产效益较低，规模较小，导致综合竞争力较弱。但资源竞争力排名中部第一，资源存储能力较强。

安徽省以61.87分位居中部第二，排名较2016年无变化。其中粮食作物总产量、每一农业劳动力平均粮食产量、人均粮食播种面积、有效灌溉面积等指标属于中部前列水平，是安徽省总竞争力排名第二的重要原因。

江西省以52.59分位居中部第五，排名较2016年上升一位。江西省虽然单位耕地用水量、农业机械化率、良种覆盖率、森林覆盖率等资源要素指标及环境指标表现较好，但产业规模小、产业效益一般。整体而言，江西省粮食产业的资源和环境承载能力较强，发展潜力较大。

河南省以67.64分位居中部第一，排名较2016年无变化。河南省在粮食产业总产值、粮食作物总产量、产业增加值及粮食单位面积产量等指标上占据较高位置。产业规模在中部地区占极大优势，经济效益表现同样较好。但森林覆盖率较低，发展环境还有待改善。

湖北省以55.35分位居中部第四，排名较2016年上升一位。湖北省与后两位的江西省、山西省的差距较小，基本处于同一水平。湖北省在粮食作物单位面积产量、农业增加值率、有效灌溉率和人均受教育年限等指标上表现较好，但农业固定资产投资及农业机械化水平相对落后，农作物受灾情况较为严重。

湖南省以 56.55 分位居中部第三，排名较 2016 年上升一位。湖南省在粮食作物总产量、粮食作物单位面积产量、农业增加值等产业规模指标及粮食单位面积产量、增加值率等效益指标上表现较好。总体而言，湖南省产业资源和产业发展环境均属于中部中游水平，粮食产业竞争力各指标呈现均衡发展的特点。

2. 纵向评价结果分析

表 4-20 所示为 2015～2017 年中部六省粮食产业竞争力综合指数及各指标纵向变化情况。总的来说，中部地区整体产业规模和产业效益竞争力有所下降，产业资源、要素投入和生态环境竞争力有所上升。各省具体分析如下。

山西省：2017 年粮食产业竞争力综合指数位居中部后列，与 2015 年相比指数有所下降。2015～2016 年，综合指数从基期值的 100 增至 103.157，增长率为 3.16%，但 2017 年降至 91.941，下降了 8.06%。其中反映产业市场竞争力的产业规模、产业效益指标也都呈现出下降趋势，2015～2017 年分别下降了 5.12% 和 3.56%；反映产业资源要素竞争力的产业资源、产业技术投入、产业科技水平指数分别增长了 0.54%、1.78%、1.73%，但资本投入降低了 66.04%；产业环境指数增长了 2.61%。可以看出山西省粮食产业综合竞争力有所提升，但在产业效益、产业规模和资本投入方面有所下降。

安徽省：2017 年安徽省粮食产业竞争力综合指数相较 2015 年有所增长，由基期值 100 增长至 103.524，两年间增长了 3.52%，但增长速度相对中部其他省份较慢。其中产业规模增长了 5.59%；产业资源、技术水平分别增长了 5.97%、10.02%；产业环境指数增长了 10.67%，增速较快。总的来说安徽省产业效益、资本投入、科技水平还有待加强。

江西省：2017 年江西省粮食产业竞争力综合指数相较 2015 年有大幅增长，由基期值 100 增长至 106.382，两年间增长了 6.38%，增长速度位居中部第四。其中产业规模、产业效益指数分别增长 5.15%、5.55%；资本投入、技术投入分别增长了 19.38%、8.96%；产业环境指数增长了 2.2%。各指标之间的增速差别较大，增长主要体现在产业规模和资本投入上，相比之下产业经济效益和产业科技水平提高较慢，科学技术甚至出现负增长。

表4-20　2015~2017年中部六省粮食产业竞争力指数变化情况

产业竞争力指标	基期指数(2015年)	山西 2016年相对指数	山西 2017年相对指数	安徽 2016年相对指数	安徽 2017年相对指数	江西 2016年相对指数	江西 2017年相对指数	河南 2016年相对指数	河南 2017年相对指数	湖北 2016年相对指数	湖北 2017年相对指数	湖南 2016年相对指数	湖南 2017年相对指数
产业规模	16	15.382	15.973	15.721	16.894	16.185	16.824	15.831	16.431	15.844	16.432	16.587	15.984
农业总产值	5	4.867	5.089	5.137	5.388	4.909	5.094	5.062	5.054	5.226	5.539	5.343	5.584
粮食作物总产量	6	6.281	6.455	5.795	6.817	5.970	6.204	5.881	6.452	5.669	6.317	5.901	6.141
农业增加值	5	4.234	4.429	4.788	4.689	5.306	5.526	4.888	4.925	4.949	4.576	5.343	4.259
产业效益	16	15.181	15.430	15.110	15.384	16.686	16.887	15.527	16.065	15.134	14.510	15.892	13.959
农业产业增加值率	9	7.828	7.833	8.389	7.834	9.727	9.763	8.691	8.769	8.524	7.434	9.000	6.864
粮食作物单位面积产量	3	3.185	3.335	2.893	3.088	3.001	3.036	2.935	3.035	2.853	2.907	2.983	3.049
每一农业劳动力平均粮食产量	4	4.168	4.261	3.828	4.463	3.958	4.088	3.901	4.262	3.757	4.169	3.909	4.046
产业资源	11	11.130	11.059	11.027	11.656	10.954	11.074	10.950	11.101	10.320	11.146	10.855	11.171
人均粮食播种面积	6	5.888	5.747	5.960	6.505	5.934	6.056	5.978	6.326	5.927	6.464	5.901	5.974
单位耕地用水量	5	5.243	5.312	5.067	5.151	5.020	5.018	4.972	4.775	4.393	4.682	4.954	5.197
资本投入	14	16.856	5.594	13.769	13.316	13.353	16.777	17.751	21.769	17.885	17.697	16.915	23.433
农业固定资产投资强度	14	16.856	5.594	13.769	13.316	13.353	16.777	17.751	21.769	17.885	17.697	16.915	23.433
技术投入	18	18.302	18.320	19.609	19.804	19.139	19.613	18.811	18.954	19.143	22.541	19.278	17.620
农业机械化水平	2	1.041	0.822	2.089	1.919	1.948	2.041	1.682	1.713	1.875	1.538	2.073	2.687

续表

产业竞争力指标	基期指数(2015年)	山西		安徽		江西		河南		湖北		湖南	
		2016年 相对指数	2017年 相对指数	2016年 相对指数	2017年 相对指数	2016年 相对指数	2017年 相对指数	2016年 相对指数	2017年 相对指数	2016年 相对指数	2017年 相对指数	2016年 相对指数	2017年 相对指数
有效灌溉面积	6	6.111	6.209	6.051	6.142	6.027	6.035	6.037	6.073	6.013	6.041	6.037	6.063
单位化肥施用量	4	5.057	5.287	5.174	5.311	5.056	5.324	5.011	5.071	5.088	6.625	4.993	3.969
单位农药施用量	6	6.092	6.002	6.295	6.432	6.109	6.213	6.081	6.098	6.166	8.336	6.175	4.901
科技水平	10	10.038	10.173	9.832	9.870	9.903	9.879	9.985	10.058	9.966	10.002	10.100	10.142
人均受教育年限	5	5.038	5.155	4.872	4.895	4.934	4.940	4.991	5.064	4.980	5.034	5.027	5.079
良种覆盖率	5	5.000	5.018	4.960	4.975	4.969	4.938	4.994	4.994	4.987	4.967	5.073	5.063
生态环境	15	16.268	15.392	14.791	16.600	14.694	15.329	14.546	14.287	14.816	15.562	14.634	14.820
森林覆盖率	7	7.000	7.000	7.000	7.000	7.000	7.000	7.000	7.000	7.000	7.000	7.000	7.000
农作物受灾面积	1	2.268	1.392	0.721	2.419	0.579	1.031	0.434	0.180	0.407	0.777	0.556	0.628
除涝面积	7	7.000	7.000	7.070	7.181	7.116	7.299	7.113	7.107	7.408	7.785	7.078	7.191
总计	100	103.157	91.941	99.858	103.524	100.915	106.382	103.401	108.665	103.108	107.889	104.260	107.129

河南省：2017 年河南省粮食产业竞争力综合指数位居中部地区第一，增长速度同样位居中部第一，两年间增长了 8.67%。其中产业规模、产业效益指数分别增长 2.69%、0.41%；产业资源、技术投入指数分别增长了 0.92%、5.3%；资本投入增长了 55.49%，实现了较大幅度的增长；生态环境呈现出负增长。与中部其他省份相比，不论是产业规模、产业效益还是产业基础设施，河南省增速都相对较慢，河南省与其他省份的差距正在缩小。

湖北省：2017 年湖北省粮食产业竞争力综合指数相较 2015 年有一定增长，由基期值 100 增长至 107.789，两年间增长了 7.79%，增长速度位居中部第二。其中产业规模指数增长 2.7%；资本投入和技术投入增长较快，增长率分别为 26.41%，25.23%；产业资源、科技水平和环境指数分别增长了 1.32%、0.02%、3.75%；产业效益出现负增长，增长率为 -9.32%。可见湖北省粮食产业竞争力的提高主要依赖技术投入和资本积累。

湖南省：2017 年湖南省粮食产业竞争力综合指数相较 2015 年增长较快，由基期值 100 增长至 107.129，两年间增长了 7.13%，增长速度为中部第三。其中资本投入、产业资源、科技水平指数分别增长了 1.55%、67.38%、1.42%；产业效益和产业规模呈现负增长。可见湖南省粮食产业竞争力综合指数增长主要依赖资本投入增加、产业资源增多和科技水平提升。

二、中部地区畜牧业竞争力评价

畜牧业竞争力是指向市场提供质量安全可靠的畜产品，并使畜牧产业持续获利和可持续发展的能力。发展畜牧业、提高畜牧业竞争力有利于优化农业产业结构、完善现代农业产业体系及提高农民收入。

(一) 指标体系的构建

基于畜牧业竞争力内涵和畜牧业特征，依照数据可获得性及相关性原则，选取了 2 个一级指标，5 个二级指标和 11 个三级指标组成畜牧业竞争力评价指标体系。具体指标及权重如表 4–21 所示。

表 4 – 21   中部六省畜牧产业竞争力评价指标体系

一级指标	二级指标	三级指标	权重
市场竞争力	产业规模	畜牧业总产值（亿元）	0.15
		肉类总产量（万吨）	0.13
		畜牧业增加值（亿元）	0.12
	产业效益	畜牧业增加值率（%）	0.07
		每一农业劳动力生产的肉类产量（吨）	0.07
要素竞争力	产业资源	牧草地面积（万公顷）	0.05
		森林覆盖率（%）	0.07
		水资源拥有量（亿立方米）	0.08
	资本投入	农业固定投资强度	0.14
	科技水平	人均受教育年限（年）	0.02
		良种覆盖率（%）	0.10

1. 市场竞争力指标

市场竞争力指标主要包括产业规模和产业效益。其中产业规模用畜牧业总产值、畜牧业增加值和肉类总产量三个指标反映；产业效益用每一农业劳动力生产的肉类总产量、畜牧业增加值率两个指标进行测度。具体来说，畜牧业增加值率反映了畜牧业投入产出效益和饲养水平；每一农业劳动力生产的肉类总产量体现了畜牧业饲养的规模化水平和劳动生产率。上述指标的计算公式如下：

（1）每一农业劳动力生产的肉类总产量 = 肉类总产量/第一产业就业人员数[1]。

（2）畜牧业增加值率 = 畜牧业增加值/畜牧业总产值。

2. 资源要素竞争力指标

资源要素竞争力指标主要包括畜牧业自然资源、资本投入和科技水平三个指标。畜牧业自然资源主要包括牧草地面积、森林覆盖率和水资

---

[1] 因缺乏畜牧业就业人员数据，这里使用第一产业就业人员替代。实际上从事畜牧生产的只是第一产业人员的一部分，因此每一农业劳动力生产的肉类总产量要大于根据此公式计算出的数量。

源拥有量。发展畜牧业离不开一定的牧草地，牧草地的多寡和质量在一定程度上决定了所能饲养的牲畜容量。森林有利于保障水土不流失，进而稳定牧草地面积和质量，因此将森林覆盖率视为资源要素指标，而非环境指标。水资源总量在一定程度上决定了流域（区域）水环境容纳畜牧养殖污染量的范围，决定了畜牧养殖环境承载力。

畜牧业科技水平是影响畜牧业劳动生产率和产业竞争力的重要因素，而人力资本数量和质量是影响科技水平的重要因素。因此同粮食产业竞争力评价一样选取人均受教育年限和畜牧业良种覆盖率指标来反映畜牧业科技水平。

（二）畜牧业产业竞争力评价模型

1. 指标权重的确定

采用和粮食产业竞争力评价一样的熵权法确定畜牧业评价指标权重。

2. 指标数据的标准化

由于各指标的单位不一致，需要对指标数据进行无量纲处理，得到标准化数据。同样采用比重值法对各指标进行标准化处理。

3. 评价模型

畜牧业竞争力评价的指标体系设置和指标层次和粮食产业一样，因此构建的畜牧业竞争力评价模型中各变量值含义同粮食产业竞争力评价模型一致。

$$F = \sum_{k=1}^{n} f_k \left\{ \sum_{i=1}^{m} w_{ki} \left(\sum_{j=1}^{l} a_{ij} X_{ij} \right) \right\}$$

（三）畜牧业竞争力评价与分析

指标数据主要来自 2018 年中部六省统计年鉴和《中国畜牧业统计年鉴》，部分数据经过计算整理得到。利用指标权重和评价模型计算得到的中部六省 2017 年畜牧业竞争力综合评价指数及排名情况如表 4 – 22 所示。

表 4 – 22　　　2017 年中部六省畜牧业竞争力综合得分及排序情况

省份	市场竞争力			资源竞争力			总竞争力		
	得分	中部排序	排序变化	得分	中部排序	排序变化	得分	中部排序	排序变化
山西	5.28	6	0	32.08	4	↓2	37.35	6	0
安徽	20.57	4	0	30.63	5	0	51.20	5	0
江西	13.20	5	0	40.28	2	↓1	53.48	4	0
河南	36.66	1	0	30.42	6	0	67.08	1	0
湖北	23.05	3	0	34.84	3	↑1	57.89	3	0
湖南	24.36	2	0	40.77	1	↑2	65.12	2	0

2017 年中部六省畜牧业竞争力综合排名依次为河南省、湖南省、湖北省、江西省、安徽省、山西省，排名与 2016 年相比没有变化。市场竞争力排名依次为河南省、湖南省、湖北省、安徽省、江西省、山西省，排名与 2016 年相比同样没有变化。资源竞争力排名依次为湖南省、江西省、湖北省、山西省、安徽省、河南省，其中湖北省排名上升 1 位，湖南省上升 2 位，江西省下降 1 位，山西省下降 2 位。对中部六省畜牧业竞争力的具体分析如下。

山西省以 37.35 分位居中部末位，与其他省份差距较大。山西省畜牧业竞争力排名落后的主要原因与粮食产业基本相同，即产业规模和产业效益不佳。但山西省在牧草地面积及人均受教育年限等反映产业资源的指标上表现较好。

安徽省以 51.20 分位居中部第五。排名落后的主要原因同山西省一样是产业规模不大、产业经济效益不高。安徽省在反映产业资源的牧草地面积、水资源总量、森林覆盖率及产业环境等指标上表现较差，属于中部下游水平，因此综合总得分较低。

河南省以 67.08 分位居中部第一。排名靠前的主要原因是畜牧业总产值、肉类总产量、畜牧业增加值等反映产业规模的指标表现较好，远超中部其他省份。河南省畜牧业增加值率较高，畜牧业经济效益较好，因此综合总得分最高。

江西省以 53.48 分位居中部第四。江西省与处于第二位的湖南省和第三位的湖北省差距较小。其中水资源拥有量、森林覆盖率、畜牧业增加值率等反映产业资源和效益的指标表现较好，而每一农业劳动力生产的肉类产量甚至位居中部第一，但产业规模不大。

湖南省以 65.12 分位居中部第二。排名靠前的主要原因是畜牧业规模较大，畜牧业总产值仅次于河南省。但反映产业经济效益的畜牧业增加值率指标表现一般，产业资源和环境也有待改善。

湖北省以 57.89 分位居中部第三。湖北省畜牧业总产值、畜牧业增加值等产业规模指标值及畜牧业增加值率等产业经济效益指标值位居中部前列。尽管水资源拥有量排名中部第一，但湖北省发展畜牧业的产业资源较为缺乏。

第五节 中部地区提升农业竞争力的对策

近年来中部地区产业竞争力虽有所提高，但与东部地区相比，差距还较大，且不同省份之间产业竞争力差异也较大。优化产业结构、推动产业转型升级、提高产业竞争力是实现中部崛起的重中之重。因此，中部地区要严格按照党的十八大提出的产业发展要求和中部地区发展要求，结合中部地区现有产业资源、生态环境等基础条件，发挥承东启西的区位优势，进一步深化改革，优化产业发展环境，积极探索特色鲜明的农业产业发展路径。中部地区应该大力推进农业产业化，全面推动科技创新，进一步巩固和提升全国重要的粮食产业基地、原材料加工基地的地位。

一、提高产出效率，巩固粮食主产地位

（一）缓解中部地区粮食增产压力，优化资源配置

首先，中部地区应该统筹利用国际国内两个市场、两种资源，适度扩大进口。在确保粮食基本自给和口粮绝对安全的基础上，充分利用国际农业资源，适度进口重要农产品有利于缓解中部地区的资源环境压力。以大豆为例，2016 年我国大豆进口量为 8 300 万吨，大豆单位面积产量为 2.25 吨/公顷，单位面积化肥使用量为 0.15 吨/公顷，进口大豆相当于减少了约 36 890 千公顷的粮食播种面积和 553 万吨的化肥投入。其次，中部地区应该提高主销省份的粮食自给能力和产销平衡省份的粮食综合生产能力。粮食主销省和产销平衡省都要切实承担起粮食生产责任，提高

粮食自给率，降低中部地区粮食调出水平。

（二）因地制宜保护中部地区生态安全，优化粮食作物种植结构

中部地区应该优先种植在各省耕地生态中具有比较优势的粮食作物，以永久基本农田和主体功能区规划为基础，合理划定稻谷、小麦、玉米等粮食作物的生产功能区和大豆等粮食作物的生产保护区。此外，河南、湖南是农药化肥严重超标的生态赤字区，应该适度缩减作为生态足迹主要贡献源的玉米的生产，扩大需肥量少的大豆种植面积。

（三）建立健全中部地区生态补偿制度，加快推进农业生产方式由过度依赖资源环境的粗放发展向绿色生态可持续发展转变

中部地区粮食生产活动具有显著的外部性，生态赤字的存在说明当前粮食生产活动是以牺牲资源环境为代价的。因此，中部地区要加大生态环境的补偿力度，积极响应农业部号召，继续推行农药化肥零增长行动，走产出高效、资源节约、环境友好的农业现代化道路。

（四）加快农业科学技术的研发和推广

农业生产技术的应用不仅可以有效降低粮食生产成本，提高粮食综合生产能力、农民收入和生产积极性，还可以改善农业生态环境。中部地区可以适当利用喷灌、滴灌技术以减少耕地土壤养分流失；通过科学施肥以提高肥料利用率，减少肥料对耕地资源生态环境的污染，最终达到保障生态安全的目的。

二、深化产业改革，优化农业发展环境

改革是发展的最大红利，环境是产业和经济发展的土壤和载体。优良的环境具有"洼地效应"，能促进资金、技术、人才等生产要素汇集，形成新的经济增长点。产业竞争从某种角度来说就是发展环境的竞争，"环境出生产力、环境出竞争力"已成为人们的普遍共识。中部地区应该按照党的十八大和十八届三中全会的要求，通过深化改革、优化产业发展环境来提高农业竞争力。

（一）深化行政审批制度改革

中部地区应先行一步抓好农业产业的简政放权，充分发挥市场在资

源配置中的决定性作用。一是市场机制能有效调节的农业经济活动，一律取消行政审批；二是除关系国家安全和生态安全、重大公共利益等项目外，企业投资的农业项目一律由企业依法依规自主决策，政府不再审批；三是对暂予保留的行政审批事项进行流程优化重组，减少审批流程与环节，实施并行、协同式审批和一站式审批；四是所有行政审批事项应全部放置互联网上进行，自觉接受群众和社会各界的监督，规范行政审批管理，提高行政审批效率；五是进一步转变政府职能，把政府职能转到经济调节、市场监管和服务企业上，政府对农业产业的调节与管理重在加强产业发展战略、规划、标准的制定与实施及营造公平竞争的市场环境、完善公共服务。总的来说，应该最大限度地减少政府对企业微观事务的管理，尤其是要减少对企业生产经营的直接干预。

（二）优化产业发展环境

一是优化政务环境。在深化行政审批制度改革、减少行政审批事项的同时，中部地区应进一步转变政府工作作风，增强服务意识、改进服务方式、提高服务水平。探索建立对政府工作人员的科学、公正、可量化的考核评价体系，强化考核评价与监督，优化政务环境。二是改善农业服务环境。大力发展科技咨询、信息服务和现代物流等生产性服务业，推进和规范各类产业组织、社会中介组织和行业组织的建设，以此推动农业产业在行业自律、科技咨询、信息服务、知识产权与法律保护、市场开拓、人才培训等方面的发展。推动建立符合市场经济要求的中小企业信用担保机构，完善"政府支持、市场运作"的公共服务体系，以此培育和建立为农业企业提供信息咨询、市场开拓、融资担保、技术支持、人员招聘、人才培训等服务的社会化服务平台和公共服务体系。三是优化法制环境。加强法制建设，建立跨区域、跨行业的农业企业征信系统，提高信用水平和法制意识，规范农业市场交易行为，以此整顿农业产业秩序，维护和保障企业合法权益。

三、优化农业布局，大力发展产业集群

农业布局是农业产业形态和空间组织的统一，是区域农业发展和经济发展的核心问题。科学的农业布局可有效构建不同区域间农业生产分工与协作关系，避免出现同质化竞争，更有利于提高劳动生产率和资源利用率，增强农业竞争力。产业集群作为一种介于单个企业和市场之间

的特殊组织形态，有利于企业间知识、技术、人才的流动及降低企业之间的交易成本，代表了现代产业发展的趋势。中部地区应根据各自农业基础和区域特色，优化农业布局，并依靠产业集群这一组织形态提高农业竞争力。

（一）优化农业布局

中部地区应根据各自的农业基础、资源禀赋、环境承载能力、区位条件和国家产业政策，按照比较优势理论，有针对性地对农业布局进行调整和优化。一是加快农业企业向园区集聚发展。通过市场调节、行政管理等手段有步骤地将城区原有企业全部向产业园区搬迁，新建企业则一律落户于产业园，避免企业在空间上的过度分散。二是要做好区域农业布局的规划设计。对现有的各类产业园区进行有效整合，确认各地农业发展的重点，避免重复建设和资源浪费。三是要引导和促进生产要素资源向农业集聚。坚决打破地方保护主义和市场壁垒，通过政策引导、奖励投入、减税退税、扩大对外开放等方式促进资金、技术、人才等生产要素资源向农业集聚。

（二）引进和培育壮大农业龙头企业

龙头企业是产业集群的核心及形成的关键。中部地区应根据现有农业基础和资源特色，建立和完善招商引资项目库，有针对性地开展企业招商、特色招商。积极引进一批带动辐射能力强的跨国公司、中央企业等行业龙头企业，使之成为农业产业集群的"核"。同时要进一步优化环境，加强资源配置和生产要素保障，协调推进重大项目建设，鼓励并购重组和品牌整合。

（三）延伸完善农业产业链

产业链条的完善对于中部地区的农业发展有着重大影响，是提升农业发展水平的重要路径。首先中部地区应该积极引进产业链相关重点企业、龙头企业，给予其在资金、场地、人员方面的优惠政策支持；其次通过政府财政资金、银行贷款支持等方式加快培育一批本地优良农业企业，与周边地区有实力的大企业进行精深加工合作，补充产业链条空白，延长产业链条长度；最后优先向农业产业配置资源，为重点企业提供配套优质服务，创造良好的营商环境，巩固和强化重点企业在产业链的核心地位，增强产业链条的稳固性。

（四）加强产业集群载体建设

大力发展支撑产业集群发展的生产性和生活性服务业，重点建设科技咨询、信息服务、现代物流、检疫检测等公共服务平台（中心）。加大产业园区公租房、标准厂房、仓储设施、专业市场、会展中心建设力度，完善生产生活配套设施和生产性服务业体系，以提升产业园区对于产业集群发展的承载和服务能力。

四、调整产业结构，推动产业转型升级

农业不是作为一个孤立体系来运转的，经济系统中的所有其他产业都与农业密不可分。因此，产业结构也是影响农业竞争力的重要因素。当前中部地区的产业结构依然呈现出重工业化的特点，尤其是重化工业的比重偏高，而高新技术产业、战略性新型产业和现代服务业占比不高。受此产业结构的影响，中部地区资源和环境的承载压力较大，威胁到粮食生产的同时也严重不利于农业产业的转型升级。中部地区应根据国家中部崛起战略要求，加快产业结构调整和优化，推动产业转型升级。

（一）加快调整产业结构

中部地区应加快调整产业结构，力争形成"三二一"型的产业结构。改进传统农业应该着力发展现代农业和生态农业，对农产品进行精深加工，推动附加值低的传统农业向附加值高的产业高端转变。同时中部地区应该充分发挥其在农产品生产、矿产资源、旅游文化等方面的优势，将比较优势转变为竞争优势。

（二）改造提升传统产业

中部地区应该利用高新技术和先进适用技术来改造和提升传统产业，重点推进信息技术在产品设计、生产、销售等各个环节和流程的应用、渗透和融合。首先，应该建立信息化与工业化融合的产学研平台，抓好信息化关键共性技术的攻关，突破关键领域技术和制约产业发展的信息技术等技术瓶颈，为农业发展提供技术支持和工业支撑；其次，应该在农业中推广先进适用技术，逐步实现设计研发信息化、生产装备数字化、生产过程智能化和经营管理网络化，促进信息化与农业现代化在区域、

行业、企业等层面的深度融合。

（三）发展特色优势产业

中部地区应遵循"专业化、精细化、特色化"的产业发展模式，努力提高基础较好、发展较为成熟的支柱性产业在生产领域的专业化、精细化、特色化水平，打造具有区域特点、差异明显的特色优势产业。就农业发展而言，应该遵循优质、高产、生态化的生产模式，以集约化的生产方式促进品种和品质结构优化，推进农业产业化进程。同时培育和壮大农业龙头企业，扶植龙头企业发展，鼓励、支持农民专业合作社开展规模生产和品牌化经营。

五、推动科技创新，提高农业创新能力

科技是第一生产力，创新是第一驱动力。中部地区应加快科技体制改革、加大科技投入、完善科技创新体系，通过科技创新提高农业竞争能力。

（一）深化科技体制改革

一是建立健全鼓励原始创新、集成创新、引进消化吸收再创新的创新体制机制；二是健全以市场导向为主的技术创新机制，充分发挥市场对科技研发方向、路线选择、创新要素配置的导向作用；三是推动科技管理体制改革，建立健全创新要素向产业和企业集聚的科技资源分配机制，改革原有不利于科技创新的科技经费、项目分配和科技成果评价体制；四是加强产学研合作，加快科技成果的产业化，鼓励技术和创新要素通过股权等参与收益分配。

（二）健全产学研协同创新机制

一是完善产学研对接合作机制，加快建设一批以企业为主体、高校和科研院所合作的协同创新实体；二是建立以企业为主导、产学研相结合的技术创新体系，强化企业在技术创新中的主体地位，发挥大型企业创新骨干作用，激发中小企业创新活力，推动创新资源、创新人才向企业集聚；三是鼓励支持大中型工业企业和规模以上高新技术企业全面建设研发机构，加强中小企业技术中心等创新平台建设；四是建设企业技术创新研发公共服务平台，降低企业创新成本，建立健全支持企业新技

术研究、新产品开发和创新成果转化的政策机制。

（三）加大产业的科技投入

总体而言，中部地区应该建立多元化科技投入体系，加大对科技研发的投入。政府应该在科技创新资源配置中发挥调控和引导作用，例如以税收优惠等方式鼓励企业加大研发投入，对企业开发新技术、新产品等研发投入采取据实扣除和加计扣除等税收优惠政策。就农业发展来说，要加强农业技术培训，推广农业新品种和种植新技术，提高中部地区农业种植、养殖水平，提升农业科技含量。

（四）加强知识产权运用和保护

一是健全技术创新激励机制，鼓励技术要素参与收益分配；二是打破行政主导和部门分割，建立以市场为主的技术创新项目、经费分配和成果评价的机制；三是发展技术市场，健全技术转移机制，改善科技型中小企业融资条件，完善风险投资机制，促进科技成果资本化、产业化；四是加强对技术成果和知识产权的保护，打击侵权盗版等。

（五）加快人才队伍引进

一是加大人才引进力度，强化人才队伍建设，通过组织技能培训、专业知识讲授，专家讲座，交流会等形式培养一批理论与实践相结合的专业型技术人才；二是优化人才政策实施，加强政策宣传力度，强化政策实施监管，给予人才足够优厚的条件，切实解决人才衣食住行问题；三是积极引进国内外知名企业高精尖技术人才，允许主要研发人员拥有股权；四是鼓励企业发挥自身优势，吸引国内外人才或科研团队，增强企业创新力度，加快企业科研成果转化；五是政府应推动建立重点产业的院士工作站，实现院士与企业的良好对接；六是做好重点项目人才服务工作，建立高层次人才社会服务化体系，积极开展网上人才交流平台的建设，打造虚拟市场和现实市场互补的全方位人才资源信息服务平台。

六、促进绿色发展，提高可持续发展能力

农业竞争力评价中以资源环境指标来反映农业可持续发展的能力，保护生态环境、实现低碳发展是提升农业可持续发展能力、增强竞争力

的重要途径。中部地区应大力推广环保、节能、低碳的先进技术，实现节能减排、降低消耗、减少污染。同时牢固树立绿色低碳和循环观念，减少资源能源消耗，推动"资源—产品—污染排放"的传统模式向"资源—产品—再生资源"的循环经济模式转变。

（一）坚持农业发展和生态保护并重

积极响应"鄱阳湖生态经济区建设"等中部地区发展生态经济的战略部署，加快转变农业发展方式，促进人与自然和谐发展。一是大力发展特种水产、特色果业、无公害蔬菜、有机绿茶等绿色生态农业，全面推进畜禽标准化示范创建，积极推广"猪—沼—果"、发酵床养猪等循环农业模式和水产健康养殖；二是继续实施绿色植保工程和测土配方施肥工程，积极开展"畜禽清洁生产行动"，大力推广减量化、精准化的施肥技术，推行绿色防控和农药减量技术；三是加强农村农业节能减排，大力发展农村户用沼气、大中型沼气和农村清洁工程等农业生产技术，建设生产、生活废弃物利用和处理设施，优化农村居住环境。

（二）建立健全生态环保长效机制

一是建立健全跨界污染联合治理机制和污染事故应急处理机制，严格执行重大环保事故责任追究制度；二是逐步建立城镇污水、垃圾处理市场化运营和监管机制；三是强化产业政策、环境影响评价制度、环境准入和污染物排放标准的约束作用；四是积极探索建立绿色产业效益评估与核算机制，探索建立生态补偿机制和财政转移支付机制；五是开展环境污染、生态破坏成本以及水、湿地、森林等资源价值的核算，将发展过程中的资源消耗、环境损失和生态效益纳入经济发展水平的评价体系。

（三）提升技术，拓宽农业经营规模，提升粮食生产效率

一是通过降低化肥施用强度、加快高标准农田建设等方式来提升粮食生产的质量；二是加大对农民购买农业机械的财政补贴，推动农业机械化进程，在此基础上发展精准灌溉模式以提升有效农田灌溉；三是推动良种培育，提升单产，可以采取"稻鱼共生""稻鸭共生""稻鳖共生"等新型种植模式，提升粮食生产效率；四是采取企业与农户合作、"互联网＋"平台等形式拓宽农民经营渠道。

七、稳定农业发展，加大农业支持力度

（一）增强政策稳定性

政府政策的颁布会对产业的发展方向、发展形势产生很大影响，因此农业发展的稳定性与政府政策的实施有着密不可分的关系。首先，政策制定应充分考虑当前中部地区农业的发展现状，政策制定前应召开座谈会，通过询问、走访或者问卷调查等方式发现农业实际存在的突出问题；其次，制定政策不应存在"朝令夕改"的现象，让农民多做无用功，因此政策制定时应邀请相关专家学者进行研究讨论，考虑其可行性、有效性。政策具有较强的针对性和可行性，才能让农业工作者真真正正从中获益。

（二）加大对中部地区产粮大县的政策支持，着力解决区域间农业发展差异问题

一是通过财政转移支付的方式，建立中央政府对中部地区政府的纵向利益补偿机制；二是进一步加大对中部地区产粮大县和超级产粮大县的财政奖励力度，可采取中央财政和地方财政双补贴的政策；三是重视中部地区粮食生产的基础设施建设，特别要加大对大型农田水利工程建设的资金和人力投入；四是加快推进中部地区农业现代化进程，采取科研院所、高校与政府合作的模式为当地农户提供技术支持。

第五章

产业发展模式与经验借鉴

第一节　世界发达国家产业领先模式

一、政府引导的德国模式

德国既是制造大国，也是制造强国。回顾其工业发展过程，德国经历了20世纪末的大规模产业转型，进入21世纪，德国率先提出"工业4.0"战略，引领了全球高端制造业的发展方向，是德国争夺全球制造业战略高地的关键战略。德国智能制造积淀深厚，自20世纪70年代开始，以西门子公司为代表的德国企业不断提高生产自动化水平，较早探索智能制造。"工业4.0"战略利用在嵌入式系统与自动化工程领域的技术优势，主导了新一代工业生产技术的话语权。此外，德国还构建了良好的政产学研合作框架。以创新为资源纽带，以企业为创新主体，扶持组建技术创新联盟，促进技术转化，使得德国成为前沿技术的引领者。

二、创新驱动的美国模式

创新与变革是美国企业适应市场竞争的自发行为，也是保持行业领先地位的重要途径。美国通过高水平的教育体系、完善的劳动力市场和开放的移民政策，从全世界吸引、筛选创新人才，利用全球智慧推动制造业创新。美国制造业创新不全是技术含量很高的原始创新，也包括大量的改进型创新。同时，美国也高度重视围绕科技创新的各类金融服务创新，将金融资源转向实体经济。美国构建了适应科技发展的金融生态环境，催生出了包括风险投资、科技银行、新型孵化器、纳斯达克市场等金融创新典型模式，以此帮助实体经济、创新型经济获得优质的金融资源支持，实现经济加快复苏、科技产业强势演进。

三、互联工业的日本模式

日本已经意识到目前全球制造业处于一个非连续创新的阶段，需要提出一个真正可以代表日本制造未来的概念。日本经产省发布的《日本制造业白皮书（2018）》中明确了互联工业是日本制造的未来，强调突出工业的核心地位，重视通过数字技术获得新的附加价值。为进一步提高制造业的劳动生产率，日本不仅在追求一条能够通过机器人、信息技术、物联网等技术的灵活应用和工作方式变革达到业务效率提升和优化的发展路径，更重要的是希望利用自动化与数字化融合的解决方案来获得更高的附加值。

第二节 国内主要产业赶超模式与借鉴

一、国内主要产业赶超模式

（一）前店后厂模式

"前店后厂"模式即港澳与珠三角产业合作模式。20世纪70~90年代末，香港和澳门的制造业向珠三角地区大转移，通过与珠三角地区乡镇企业、民营企业的合资合作有效利用了珠三角地区劳动力便宜、土地成本低等优势，产品国际竞争力迅速提升，在国内外市场均占有重要份额。这一背景下，珠三角地区逐渐成为港澳最大的生产加工基地。而香港在向珠三角地区进行制造业产业转移的时候，却将产品营销、设计和管理等价值链高端环节留在香港。港粤两地这种销售渠道在香港、生产过程在广东的经济合作模式，被学界称为"前店后厂"模式。该模式充分发挥了港粤两地比较优势，是珠港澳区域中心城市与周边城市之间优势互补、协同发展、互利共赢的典范，对中部地区产业合作及模式选择具有很好的借鉴价值。

（二）总部基地模式

"总部—生产基地"模式即长三角城市区域经济合作模式。20世纪

80～90 年代初，上海的一些企业开始延伸到江浙地区建立零部件配套基地和原料生产基地，这一时期江浙沪的经济合作以企业合作为主导。90 年代中期以来，长三角开发开放进入新阶段，尤其浦东开放更是加速了长三角对外开放与合作进程。这一时期大量外资涌入长三角，大批外资金融机构、法律服务机构、广告公司、中介公司等生产性服务业企业进入上海，促进了上海产业结构优化升级。经过三十多年的发展，上海承担了主要的生产性服务业职能和金融中心的职能，是长三角的航运、航空等运输通道和对外贸易的重要枢纽，是长三角企业总部、研究机构的聚集地。这种将总部和研发中心落户上海，将生产基地放在上海周边城市（苏州、昆山、嘉兴等）的开放合作模式，被称为"总部基地"工业发展模式。

（三）飞地工业模式

"顺德飞地"模式即广东顺德和清远的经济合作模式。顺德和清运通过共建共享经济合作区（英德）实现优势互补，使入驻企业享受"顺德服务、清远成本、政策叠加"，该经济合作区属于飞地经济发展模式。经济合作区实行以"顺德主导，利益分享"为核心的共同管理模式。该模式有利于充分发挥顺德、清远两地的比较优势，即把顺德政府的服务进行了延伸，解决了清远过去产业转移与政府服务不同步的问题，让企业在享受低廉成本的同时，也享受到珠三角地区成熟优质的政府服务。同时利用税收分配、政绩考核等一系列科学的利益机制来扩大两地合作广度、加深两地合作深度，从而实现优势互补，合作共赢。该经济合作区的建设不仅为广东全面实现"提升珠三角、带动东西北、加快建设幸福广东"的战略目标探索了宝贵经验，而且这种跨区域的合作模式和园区运作机制对中部地区承接沿海地区产业转移提供了借鉴和参考。

（四）块状经济模式

块状经济模式是指一定区域范围内形成的一种产业集中、专业化极强，同时又具有鲜明地方特色的区域性产业群体。改革开放以来，浙江克服了自然资源短缺、交通设施建设滞后和基础工业薄弱的制约，凭借相对区位优势扬己之长、侧己之重，突破了"自求平衡，自成体系"的封闭式内向循环传统发展模式。在传统经营意识催化和当地能人的示范带动下，浙江依靠民间资金培育产权明晰的多元化投资主体，因此个体，私（民）营和股份制经济竞相发展、壮大，逐渐形成小型化、多元化、产品特色鲜明的区域块状经济模式。该经济模式不仅创造出"小商品大市场、小配件大配套、小产品大行业、小企业大协作、小资本大聚集"的工业专业化分工格局，而且打造出"中国鞋都""中国皮都""中国低压电器之都""中国五金城"等区域品牌。

（五）开放集聚模式

开放集群模式即依靠外资企业外包生产而形成产业集群的发展模式，是广东工业发展的主要形式。在改革开放后的 20 多年里广东依靠外资、外贸和对外经济合作，形成开放导向型的工业发展模式。广东最初是依靠政府赋予优惠政策来率先对外开放、引进外商投资，最后是以技术、管理和制度的更新实现了制造领域的变革。产业集群在促进广东融入全球价值链、加快专业化分工发展、增强产业竞争力等方面发挥了重要作用。事实上地理区位优势并不是广东吸引外资的决定性因素，外商投资考虑了包括产业基础、市场需求等在内的诸多因素。近年来广东经济转型升级取得成效，创新意识和能力提升、珠三角人力资源素质提高、技术创新基础优化、创新发展方向明确等方面都吸引了世界 500 强的目光。此外，广东还通过省级层面优惠政策支撑和营商环境优化等举措，进一步吸引世界 500 强企业更多更全面地落户本省，利用外资巨头布局来促进广东产业升级。这种通过吸引外资带动本地产业升级的发展模式也为中部地区产业升级提供了新的思路。

二、湖南和安徽产业发展模式：以汽车制造业为例

（一）"外引内并"、大品牌驱动下的汽车新湘军

湖南汽车工业起步于 20 世纪 60 年代，到 70 年代，湖南汽车工业已跻身全国十强行列。2006 年，湖南省第九次党代会将汽车工业列为优势产业之一；2007 年，湖南省委省政府出台《湖南省人民政府关于支持汽车产业发展的若干政策意见》；2008 年，湖南在全国率先成立了省级电动汽车产业发展领导小组；2009 年，湖南引来"广汽菲克"落户长沙经开区。党的十八大以来，湖南坚持把汽车产业作为现代产业体系建设的重点，出台了系列重大政策措施，引进了系列重大项目，有力推动全省汽车工业的后发赶超发展。2018 年仅长沙经开区汽车年产量就超过 100 万

台、产值过千亿。随着产业规模的迅速壮大，湖南已形成以长株潭为核心，衡阳、永州、常德、邵阳、娄底、益阳协同发展的汽车产业集群，是全国重要的汽车生产基地和汽车产业生态圈的重要一员。当今中国的汽车市场，"汽车湘军"绝对是一支不可小觑的力量。

纵观湖南以及长沙汽车业的发展历程，湖南在汽车制造业发展中的许多做法值得学习和借鉴。

1. 省领导重视，较早将汽车作为全省支柱产业进行谋划

2007 年 1 月 8 日，近百名湖南汽车业界人事与省领导共聚一堂，面对面探讨湖南汽车产业发展之路。此次座谈会的重要成果，是旗帜鲜明地把汽车产业作为全省支柱产业来谋划。此后高规格的湖南汽车产业发展领导小组成立，一系列实质性举措相继出台，如《湖南"十一五"汽车产业发展规划》《湖南省政府关于支持汽车产业发展的若干政策意见》《湖南省汽车产业振兴实施规划》等。正是由于省领导高层的高度重视和高位推进，湖南才抓住了中国汽车产业真正开始腾飞的"黄金十年"窗口期，成功实现了湖南汽车产业的后发赶超。

2. 借梯上楼，引进战略投资者，强力推进企业兼并重组

2009 年 4 月 6 日，湖南决策层要求抓紧对全省汽车产业进行重组。2009 年 5 月 21 日，广汽集团与长丰汽车达成重组协议。广汽集团入主长丰汽车组建广汽长丰，给湖南汽车业带来了新的机遇。此后，广汽先后宣布与三菱、意大利汽车品牌菲亚特合资，组建了广汽菲亚特，并最终落户长沙。因广汽与长丰重组，湖南 1 年内增加了菲亚特和三菱两个国际汽车品牌，美国江森、日本电装、意大利马瑞利等一大批知名汽车零部件企业追随而至。此外，上汽大众入湘也加速了湖南汽车板块崛起。2013 年上汽大众落户长沙，成为迄今为止湖南投资规模最大的实业项目。湖南正是通过"大集团带动大项目，大蓝图带动大发展"的战略部署迅速实现了汽车产业的崛起，成为全国汽车产业新一极。

3. 外引内合，强化产业和区域整合

外引入湘的整车制造商可分为合资和自主两个阵营，合资阵营主要厂商有大众长沙分厂、广汽菲克、广汽三菱等；自主阵营主要厂商有吉利、北汽、比亚迪、长丰等。在合资厂商中，大众具有品牌优势和强大

的市场号召力；菲克、三菱造车经验丰富，具有雄厚的技术积累。在自主厂商中，吉利近几年进步神速，产品形象焕然一新，轿车、SUV 等车型发展均衡，是中国自主汽车品牌中最具发展潜力的一个；比亚迪、北汽的电动新能源汽车制造能力位居自主汽车厂商前列，正成为湖南汽车制造业未来重要增长点。综合来看，入"湘"发展的车企均属主流汽车制造商，这些车商各有擅长、优势互补，汇集成了一股强大的产业竞争力。在此背景下，湖南进一步加强区域布局的管理，引导汽车制造业向"长株潭城市群"等重点区域转移，力争把"长株潭城市群"建设成为汽车制造业发展高地和全国重要的增长极。湖南通过建立科学系统的发展规划，来加强对全省汽车制造业发展的引导和管理，促进了全省汽车制造业的可持续健康发展。在整车制造业发展带动下，湖南省吸引新的汽车制造业资源入湘的能力增强，汽车制造业逐步向"长株潭城市群"集中，发展洼地效应提升。2017 年，长沙、株洲、湘潭分别拥有汽车制造企业145、35 和 38 家，合计占全省的 60.2%。①

4. 强调产业链系统规划和狠抓配套建设

优良的产业配套是产业持续、高效发展的重要条件。在整车制造能力不断增强的同时，湖南高度重视汽车制造上下游产业链的配套建设，围绕整车制造龙头企业加强配套产业的招商和建设，努力提高产业配套率，着力提升行业聚合力。在长沙 22 条产业链中，长沙经开区牵头推进汽车、工程机械、先进轨道交通装备和集成电路四条产业链建设。长沙经开区尽管整车厂商云集、阵容强大，但在汽车产业链中，部分零部件制造环节才是附加值最高之处。为此，长沙经开区引进大陆集团，为车辆、机械设备、交通及运输领域提供安全、高效、智能、可持续的互联驾乘和运输解决方案，补足了汽车产业链的薄弱环节。2017 年 3 月，广汽三菱发动机及整车技改项目开工建设，技改项目建设内容包含发动机厂房、配套物流、办公区及新能源生产车间综合区。项目将三菱汽车全球最先进的发动机同步引进到广汽三菱，标志着广汽三菱汽车由单纯的整车制造企业向完善的全领域高端汽车企业突破与进化。关键零部件的本地化生产极大助推了长沙新型工业化建设。从整车制造到零部件企业密集落地，长沙汽车产业进入发展新阶段，汽车产业实现了从"无芯"

---

① 原始数据源自《湖南统计年鉴（2018）》。

到"有芯"的转变。

5. 打造汽车智能制造的"长沙模式"

2015 年长沙全面推进智能制造，开启了智能制造的"长沙模式"。目前长沙已有 20 个企业和项目获批了国家级智能制造专项和试点示范，获批数量居中部省会城市第一。作为长沙汽车产业的核心动力，智能制造成功助推长沙汽车产业迈入千亿产业行列。广汽菲克长沙工厂全面推进机器人作业，在焊接车间，焊接自动化水平达到 75%，491 台机器人遵照指令，灵活、准确地焊接车身各处。喷涂车间则采取封闭式作业，实现了车底防石击涂料及车身油漆的 100% 全自动喷涂。长丰猎豹焊装车间 85% 的工作由 152 台自动化、高效率的机器人完成。目前猎豹汽车与联想大数据已达成战略合作，运用大数据计算、数据集成、工业物联网集成、数据智能分析、数据资产管理等数字化、信息化平台促进两化深度融合，以数据为引擎深挖和探索工业生产数据价值，推动智能制造。长沙整车企业早已实现自动化，正逐步实现工厂装备自动化、工艺数字化、生产柔性化、过程可视化、信息集成化、决策自主化，朝智能化方向深化。生产智能化的提高，一方面满足了市场订单的需求；另一方面也引领整个汽车产业迈向智能制造。

（二）自主品牌、智能制造支持下的汽车新淮军

安徽汽车业起步较早，1968 年江淮汽车制造厂生产出"安徽第一车"。1962 年，巢湖汽车配件厂从巢湖搬到合肥，是江淮汽车制造厂的前身；1969 年，江淮汽车首次投入批量生产；1990 年，江淮汽车制造厂造出国内第一条客车专用底盘，江淮汽车开始走向全国。近年来安徽省汽车行业发展迅速，已成为全国汽车工业增长最快的省份之一。汽车业已成为安徽优势制造业之一，2017 年安徽全省汽车实现生产 133.5 万辆，居全国第 9 位，比上年下滑 1 位，同比下降 28%，全行业实现主营业务收入 2 822.1 亿元，同比增长 7%。2018 年安徽省汽车产量为 118.6 万辆，全国排名第十四，占全国总产量的 4.24%。安徽新能源汽车在全国也具有一定地位，2018 年安徽省全年生产新能源汽车达 15 万辆，占全国总产量 13%。新能源汽车的发展为安徽汽车工业结构调整、产业升级奠定了基础，实现了良好开端。安徽汽车产品体系也由单一的载重汽车发展到客车及底盘、轿车、轻微型载重汽车、商务车、专用汽车等系列产品，涌现出江淮汽车、奇瑞轿车、安凯汽车、合肥昌河、星马专用车等国内知名生产企业和企业集团。其中江汽集团客车底盘是中国质量最好、市场占有率最大的产品；安凯集团的安凯客车位于世界顶级客车之列；合肥现代客车在中国中档客车中有着较好的性能价格比；奇瑞轿车、瑞风商务车畅销全国各地。[①]

纵观安徽以及合肥汽车业的发展历程，安徽在发展汽车业中的许多做法值得学习和借鉴。

1. 把新能源汽车作为安徽省先进制造业"一号工程"，为汽车业转型升级开辟新天地

安徽省高度重视发展新能源汽车，早在 2015 年 3 月安徽省政府就发布了《关于加快新能源汽车产业发展和推广应用的实施意见》。文件提出了总体要求、总体目标、主要任务、保障措施，并明确了责任单位，形成了新能源汽车产业发展和推广应用的良好氛围。2018 年安徽省启动出租车"油改电"换购计划，要求合肥、芜湖两市新增的巡游出租车使用新能源汽车的比例达 100%；蚌埠、滁州、马鞍山、铜陵、安庆五市比例不低于 50%；其他城市比例不低于 30%。近几年，有关汽车企业和配套企业不断采取新措施、加大要素投入，安徽新能源汽车呈蓬勃发展的大好局面。江汽集团发展新能源汽车起步早，生产了新能源轿车、客车等多个品种投放市场。在新能源领域，江淮汽车已掌握电动汽车的电池成组、电机、电控三大核心技术，以及能量回收、驱动与制动电耦合等关键技术。2017 年 6 月 1 日，江淮汽车与大众汽车集团（中国）在德国柏林签署合资合同，宣布在新能源汽车领域开展全方位合作。作为全国首个中外合资新能源汽车企业，江淮汽车与大众汽车合资项目是安徽发展先进制造业的"一号工程"。2018 年 11 月 28 日，江淮汽车与大众汽车集团（中国）、西雅特签署谅解备忘录。三方将共同开展合作，创建面向全球市场的电动汽车平台，用于生产江淮大众车型，推动中国乃至全球新能源汽车和智能网联汽车的发展。

2. 狠抓品质和品牌，开展"增品种、提品质、创品牌"行动

市场竞争越激烈，消费者对产品品质的要求越严苛，品质过硬、性

---

① 本段原始数据源自安徽省经济和信息化厅网站（http：//jx. ah. gov. cn/）。

价比合理的产品才更易受到市场追捧。安徽在促进制造业高质量发展中开展"增品种、提品质、创品牌"行动。行动强调通过开放合作促进品质突破性提升，以此驱动安徽汽车业高质量跨越式发展。就目前而言，品牌建设是安徽汽车产业面临的巨大挑战，但品牌建设必须着眼长远，保持足够的耐心和定力。目前国内部分自主品牌汽车厂家投入巨大精力打造了全新品牌形象，但市场反响并不热烈。安徽汽车产业主要通过自主发展起步、依靠自主创新滚动发展，最缺乏品牌美誉度的积淀，在国内汽车业合资品牌大行其道的背景下处境更加艰难。江淮汽车抓住汽车消费人群正在发生代际更替的"机会窗口"，不断塑造更适合"90后"消费追求的品牌形象，增强自主汽车企业品牌的认可度。

3. 智能制造为全产业链整体"赋能"，为汽车业行稳致远提供基础支撑

汽车产业因产业链较长，在现代制造业体系中具有独特地位，汽车业也因此被称为高新技术的"演练场"。随着人工智能技术不断取得新突破，汽车正在成为综合性的智能终端，汽车业正在与新能源、新材料、人工智能等前沿科技领域高度融合。江淮汽车与科大讯飞展开合作，让瑞风S4搭载科大讯飞最新研发的车载语音3.5系统，作为智能车联网系统的主要入口。随着智能网联以及新能源等技术的不断进步，技术对汽车产业的带动力将进一步增强。安徽立足现有产业基础优势，以智能制造为驱动推动汽车全产业链升级，以此提升安徽整体产业发展水平，值得学习和借鉴。

第三节 江西产业发展典型模式

一、草根行业崛起模式：高安汽运产业

所谓草根行业，是指没有较大技术含量、比较接近基层百姓、还没建立新秩序的行业。江西草根行业众多，以从事传统产业为主，是民营经济的重要组成部分。随着供给侧结构性改革、新旧动能转换以及传统产业转型升级热潮袭来，很多草根行业抓住机遇率先改革并发展壮大。近年来，货车规模居全国县域之首的高安市，利用互联网手段和组织模式创新，有效提升运输组织效率，推动草根型货运物流行业转型升级。

图5-1所示为草根行业崛起背景下的高安汽运产业发展模式。移动互联网技术与货运物流行业的深度融合，为高安"汽车大军"迎来"二次创业"的新机遇。曾经在高安汽运城，一个门面就是一个物流公司，但这一传统物流组织方式正在发生改变。高安市在传统汽车运输业基础上，积极打造全国性的互联网物流信息平台。借助这一平台，货车运输可以实现单程载货多样化、往返满货化。"互联网＋"不仅推动物流行业"降本增效"，还为这一传统草根产业引来新业态企业。目前，浙江车马象物联网网络有限公司、正广通集团等国家首批"无车承运人"试点企业已进驻高安，推动形成"大物流"格局。

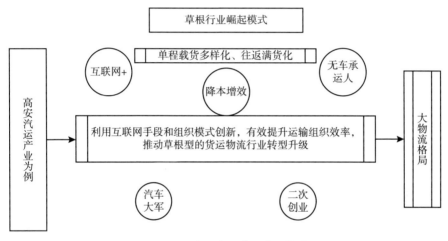

图5-1　高安汽运产业发展模式

二、"小一散一弱"模式：丰城小微企业群

所谓"小一散一弱"模式，是指当地企业在发展过程中普遍呈现规模过小、行业分散、产品附加价值弱三大特征。图5-2所示为以丰城小微企业为例的"小一散一弱"发展模式。江西非公企业"小、散、弱"现象普遍，究其原因，一是企业内部本身问题，企业制度意识淡薄，家族企业小富即安、难成规范且目光短浅；二是尚未形成龙头企业带动、微小企业依附的模式，众多中小企业中规模以上非公企业较少；三是企业转型升级压力大、风险大，企业产业链不完善；四是基础设施不完善，用地问题突出，融资门槛高，没有形成产业带；五是企业留人难，缺乏高端和中端技术人才；六是产业链配套不完善，公共服务平台和监测中

心建设不到位。

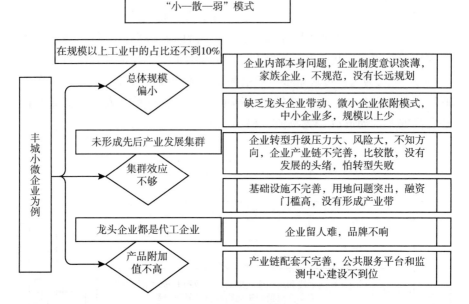

图5-2　丰城小微企业发展模式

三、集群状发展模式：高安陶瓷产业

江西省民营产业集群的一大特征是每个地理区域的大部分企业基本围绕统一产业、紧密相关产业或有限的几个产业从事产品开发、生产和销售等经营活动。图5-3所示为以高安陶瓷产业为例的集群状产业发展模式。2007年，产业大迁移席卷中国建陶业，行业内诸多龙头企业挥师江西。高安作为江西省建筑陶瓷的重要产业基地，在"南陶北上"的浪潮中占尽先机，从而迅速崛起。短短8个月的时间，高安就吸引了新中源、新明珠等一大批全国知名陶瓷企业入驻，引进了生产线103条、资金近60亿元，建成了一座占地30平方公里的新兴瓷城。面对如此发展规模的产区，高安市政府从2007年开始适时引进配套企业落户，同时与水运、陆运等相关配套公司建立了庞大的铁路运输、海上运输等物流渠道，积极完善物流信息产业。在高安陶瓷基地，已经形成了与当年佛山南庄一样的陶瓷配套一条街。销售、配送、仓储、技术交流等配套产业的驻点机构，分散分布在高安陶瓷基地、高安市新街镇、高安县城通往基地的省道两旁。

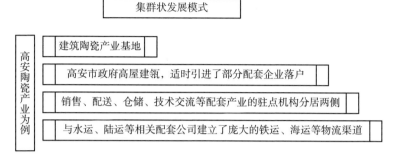

图 5 - 3 高安陶瓷产业发展模式

四、两头在外模式：南康家具产业

两头在外模式是指在产业生产过程中，原材料的供应和市场的销售基本不在本地，本地主要负责对外地购入的原材料进行加工生产，再运往其他地方销售。两头在外模式要求产业所在地区交通运输便利、物流成本低，且有独一无二的生产技术或者生产基地。图 5 - 4 所示为以南康家具产业为例的两头在外产业发展模式。江西省非公企业的两头在外发展模式较为普遍，以抚州金溪的香料产业以及赣州南康的家具产业为代表。费孝通教授曾将南康家具产业概括为"无中生有，有中生特，特在其人，人联四方"。其中，"无中生有"是指南康木材资源匮乏，却能成就中国中部最大家具产业基地；身处中国内陆，却能直通全球 80 多个国家和地区。南康家具产业源于改革开放初期，当时 15 万南康人南下珠三角做家具木工，返乡后带回了先进的技术以及经营、管理和销售理念开始创业。作为南康最具活力但又最脆弱的"草根行业"，南康家具发展初期得到了政府的宽容呵护，在政策、税收、用地、水电等方面都给予了扶持。但由于品种单一、技术含量低、产品附加值低，南康家具业迎来了一场以提高产品质量为主的大范围改革。赣州港在南康区的建立，为南康家具"无中生有"提供了巨大机遇。赣州港凭借强大的运输能力和通达能力，使其班列的集装箱装进的全是木材，而运出的则基本上是家具。港口成立之前，南康只有三家外贸企业，而目前已经突破 300 多家。

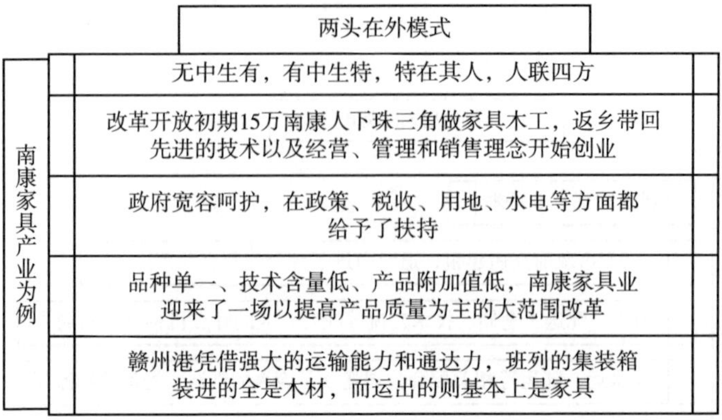

图 5-4　南康家具产业发展模式

五、资源型产业替代模式：大余钨矿产业替代

资源型产业替代模式是指原先依靠矿产资源率先发展的城市，由于资源的过度开采导致资源枯竭，城市发展失去资源支撑，从而寻求其他产业入驻代替原先资源型产业的发展模式。图 5-5 所示为以大余钨矿为例的资源型产业替代模式。江西是资源大省，很多城市依靠矿产资源实现发展，但是在资源枯竭、供给侧结构性改革等因素的影响下，资源型产业替代模式成为必然选择。资源型城市是以本地区矿产、森林等自然资源开采、加工为主导产业的城市类型。我国钨矿于 1907 年发现于江西省大余县西华山，大余曾因钨矿资源蕴藏丰富被称为"世界钨都"。但钨矿遭到了过度开采，《大余县资源枯竭城市转型发展规划（2013~2020年)》中表明大余现有钨矿可开采利用仅剩 6.16 万吨，开采年限不足 10年。2011 年 11 月，大余县被国务院确定为第三批资源枯竭城市。同时，长期的矿山开采也给大余的生态环境带来了山体被挖空、植被遭破坏、农田被沙化、河流被污染等重大问题。2013 年 4 月，大余县被列入国家"十二五"规划重金属防治污染示范区。近年来，大余一边铁腕治理环境生态问题，一边大力发展接续替代产业，以求较小代价实现可持续发展。最终大余实现了由资源开采型向科技创新型转变、由增长粗放型向发展集约型转变、由结构单一的工矿型城市向生态宜居的现代化山水园林城市转变三大转变。如今，大余致力打造生态绿色食品产业园，力促食品产业发展，实现产业替代。

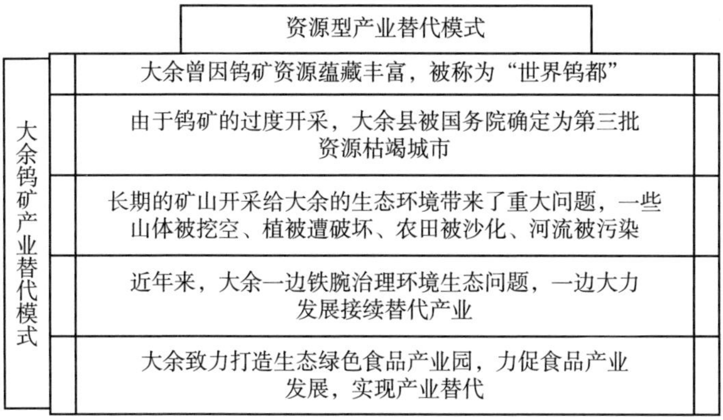

资源型产业替代模式

大余钨矿产业替代模式	大余曾因钨矿资源蕴藏丰富，被称为"世界钨都"
	由于钨矿的过度开采，大余县被国务院确定为第三批资源枯竭城市
	长期的矿山开采给大余的生态环境带来了重大问题，一些山体被挖空、植被遭破坏、农田被沙化、河流被污染
	近年来，大余一边铁腕治理环境生态问题，一边大力发展接续替代产业
	大余致力打造生态绿色食品产业园，力促食品产业发展，实现产业替代

图 5 - 5　大余钨矿产业替代模式

六、新兴产业突起模式：高安新能源产业

随着传统产业转型升级步伐的加快，新兴产业应运而生。新兴产业是指随着新的科研成果和新兴技术的发明、应用而出现的新的部门和行业。目前国际上公认的新兴产业主要是指因电子、信息、生物、新材料、新能源、海洋、空间等新技术的发展而产生和发展起来的一系列新兴产业部门。图 5 - 6 所示为以高安新能源产业为例的新兴产业突起模式。高安的奥特、伟睿等新能源企业近年来发展势头迅猛，产能迅速扩张。高安市政府因势利导，在高铁附近规划建设 2 000 亩高新技术产业园区。2017 年初，高安市与苏州捷力新能源材料有限公司成功签约通瑞新能源锂电池隔膜项目，并落户高安市工业园。项目总投资约 60 亿元，规划建

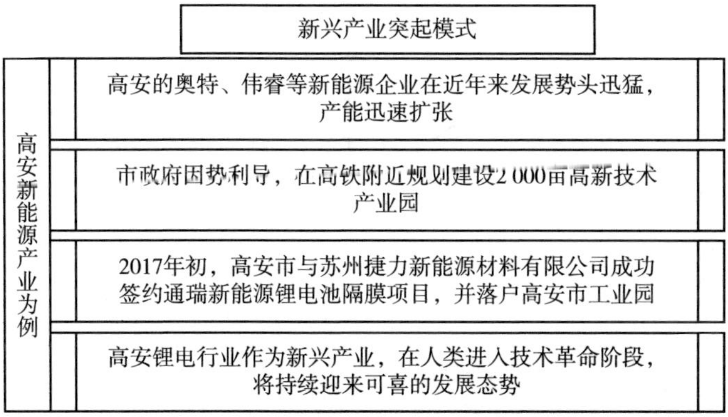

新兴产业突起模式

高安新能源产业为例	高安的奥特、伟睿等新能源企业在近年来发展势头迅猛，产能迅速扩张
	市政府因势利导，在高铁附近规划建设2 000亩高新技术产业园
	2017年初，高安市与苏州捷力新能源材料有限公司成功签约通瑞新能源锂电池隔膜项目，并落户高安市工业园
	高安锂电行业作为新兴产业，在人类进入技术革命阶段，将持续迎来可喜的发展态势

图 5 - 6　高安新能源产业发展模式

设现代化国内先进领先技术锂电隔膜生产线 30 条，涂布线 30 条，项目达标后，年可实现收入将达 100 亿元。高安锂电行业作为新兴产业，在人类进入技术革命阶段，将持续迎来可喜的发展态势。

七、嫁接创新模式：樟树金属家具产业

嫁接创新模式是指改造传统产品生产模式，加入创新因素，实现产品智能化、优质化，以此提高产业竞争力的一种模式。图 5 - 7 所示为以樟树金属产业为例的嫁接创新模式。樟树金属家具产业起源于 1973 年，通过近 45 年的发展，产业从小到大、从弱到强，从地地道道的草根经济逐渐成长为樟树的四大特色产业之一，也是全国唯一的 "中国金属家具产业基地"。目前樟树家具主要分布在观上镇、城区、城北工业区，集聚程度较高。金属家具产业的主要产品有金属家具、档案装具，图书设备、安防设备、经藏设备、显示屏、校具设备、城市家具、医疗器械、智能系统等 10 大系列 500 多个品种，产品销售覆盖全国 31 个省（市、自治区），部分产品已销往港澳地区和东南亚等国家。樟树金属家具产业坚持 "质量第一、诚信至上" 的理念，通过不断的技术进步和科技创新，实现产品的智能化和优质化，拥有了金虎、远洋、阳光、卓尔、远大等多个自主品牌。

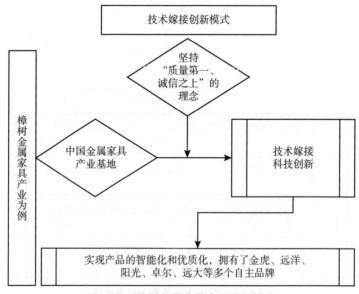

图 5 - 7　樟树金属家具产业嫁接模式

八、本土型发展模式：樟树中医药产业

所谓本土经济，是指根植于本土历史文化之中，依托本土资源、资本、技术、人才和市场实现发展的经济。本土经济的决定性要素和关键的产业链环节由区域内经济人掌控，其载体就是本土产业、本土企业。图5-8所示为以樟树中医药产业为例的本土型产业发展模式。作为中国药都，樟树中医药产业是樟树最负盛名、最具竞争力的产业。众多樟树药人分布全国各地，是南北药材集散和加工炮制中心，享有"药不到樟树不齐，药不过樟树不灵"的盛誉。在樟树药业发展过程中，樟树药都文化、中药材贸易与加工炮制技术、樟帮帮规等独具一格，并渗透到医药保健、养生、膳食、起居、民俗等领域，形成了鲜明的地方特色。目前，为实施"中国药都"振兴工程，樟树正以福城医药园、药都医药物流园和医药产业孵化创业园为核心，做大做强中药饮片、中成药制造、重要保健品研发和药品商贸流通行业，推动中医药产业创新升级，打造中国中医药发展樟树样板。

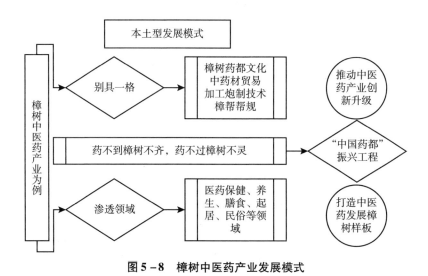

图5-8 樟树中医药产业发展模式

九、块状发展模式：南昌纺织产业

块状经济是指一定区域范围内形成的一种产业集中、专业化极强、具有明显地方特色的区域性产业群体的经济组织形式。图5-9所示为以南昌纺织产业为例的块状产业发展模式。2014年，南昌市针织服装出口产业落户青山湖区，成为针织服装产业国家外贸转型升级专业型示范基

地。最初南昌纺织产业因不靠近原材料产地，产品多为出口，形成了典型的"两头在外"模式。但由于大部分企业处于产业链最低端，承受着成本剧增的压力，整个产业的抗风险能力不足，许多企业的生产经营面临困难。与此同时，入市门槛低带来了大量小作坊式企业如雨后春笋般生长。由于工厂规模小、产品档次不高，昌东针织服装往往被视作低端产品的代名词。为突破困境，南昌纺织产业转变发展战略，选择加快开放升级以带动转型升级。南昌市在青山湖区打造了中国（江西）针织服装创意产业园，建成了一个高端化、时尚化、国际化的针织服装研发、时尚发布、会展和交易中心，形成了织布、染整、制衣等全套工序的一条龙产业链。同时，依托"国字号"示范区，南昌市针织服装产业集聚效应逐步显现，块状发展模式初步形成。

块状发展模式	
南昌纺织产业发展模式	2014年落户该市青山湖区，成为针织服装产业国家外贸转型升级专业型示范基地
	大部分企业处于产业链最低端，承受着成本剧增的压力，整个产业的抗风险能力显得不足，许多企业的生产经营面临困难
	工厂规模小，产品档次不高，昌东针织服装往往被视作低端产品的代名词
	打造中国（江西）针织服装创意产业园，已建成一个高端化、时尚化、国际化的针织服装研发、时尚发布、会展和交易中心
	形成了织布、染整、制衣等全套工序的一条龙产业链，依托"国字号"示范区

图 5-9　南昌纺织产业发展模式

第四节　新时代企业发展模式创新

一、引领驱动模式

（一）专精特新优质培养模式

针对为数众多的中小企业，可以采用专精特新优质培养模式，向

"专精特新"要活力，培育专业化"小巨人"。"专精特新"模式下的中小企业具有发展战略专一化、管理及生产精细化、产品及服务特色化、技术及经营模式创新化等鲜明特征，能够在产品、技术、业态和经营方式上代表细分行业发展方向。发展中小企业的专精特新优质培养模式需要结合当地实际，从认定培育入手聚焦政策资源、加强引导扶持、创新工作机制。初步探索出一条以"专精特新"发展为突破口、促进中小企业结构调整和转型升级、保持经济持续健康运行的路子。对获得认定的"专精特新"中小企业，需要通过整合资源来强化措施和创新机制，从培训辅导、技术改造、多渠道融资、市场开拓、技术成果转化、品牌建设等方面给予支持，实施重点培育。学习借鉴浙江民营经济发展模式，按照"个转企、小升规、规改股、扶上市"的发展路径，围绕中小微企业成长链关键环节精准发力，不断提升中小企业素质，打造一批在细分领域核心竞争力较强、市场占有率较高的"隐形冠军"。力争培育成长性好、市场占有率高、质量品牌过硬、自主创新能力强的专业化"小巨人"企业，形成专门针对成长性中小企业的专精特新培养模式。

（二）传统新兴双轮驱动模式

针对鱼龙混杂的整体产业，可以采用传统新兴双轮驱动模式，向"传统新兴"要动力，形成现代化"新体系"。新常态下，以战略性新兴产业等为标志的新产业、新业态迅速崛起。但新兴产业和传统产业不是简单的替代关系，在新技术革命的推动下，两者互为补充、并行发展，形成"双轮驱动"。传统产业可以通过注入新兴技术激发新的活力，提高成长性，而战略性新兴产业的快速增长也需要传统产业若干生产要素的支撑。对中部地区来说，传统产业是发展的重要基础，也是转方式调结构的可靠支撑和现实增长点；新兴产业是实现转型发展、科学发展的潜力和希望所在，是优化经济结构的重要突破口。在新常态下推动经济发展，既要激活存量，修复现有产业和企业增长动力；又要主动减量，下大决心化解产能过剩问题，实现优胜劣汰；更要引导增量，引进高端现代产业，培育新的增长动能。传统新兴双轮驱动模式要求统筹好改造提升传统产业和培育发展新兴产业的关系，大力推动产业转型升级，加快构建现代产业发展体系。

二、要素驱动模式

（一）创新产业驱动模式

针对创新要素不足的产业，可以培育创新产业驱动模式。以产品创新、品牌创新、技术创新、机制创新、管理创新和全员创新六大创新为突破口，建设创新型产业体系。

一是加快促进产品创新，调优产品结构，实施高端发展战略。开发具有自主知识产权的高科技产品，促进产品结构调整，提高高端产品比重，主动适应市场。

二是加快落实品牌创新，提升产品品牌效益。紧密结合国家发展战略和企业发展历史，提炼品牌价值。通过展会、媒体、网络等多种形式加强品牌推广，重视与新闻媒体建立良好的合作关系，通过战略资讯以及新技术、新产品、市场信息的发布与媒体结成战略合作伙伴。

三是积极推进技术创新，提升核心竞争力。积极推进技术研发，加快攻克核心技术，加大研发投入，促进科技成果转化，加强产学研合作，助力可持续发展。引进人才、用好人才、激励人才。

四是加快落实机制创新，营造充满活力的发展环境，形成企业文化。推进机构整合和流程再造，建立对技术创新、管理创新、质量攻关、合理化建议等的奖励制度，形成"多劳多得、做优多得、创新多得"的分配制度。实施干部竞聘制、任期制、淘汰制，设立各类专业技术职务评聘制，打通人才发展通道，实行能上能下的动态管理机制。

五是全面实施管理创新，促进质量效益持续提升。深化全面预算管理，对生产经营全过程实施有效控制，促进企业各项经营目标有序实现。

六是鼓励产业全员创新，倡导"改善即是创新"理念。营造"鼓励创新，宽容失败"氛围，鼓励"全员创新"。

（二）资源产业替代模式

针对依赖能源资源实现发展的产业，可以培育资源产业替代模式。以机制完善、体制创新、产业接续和产业重构为新出路，开辟多元化发展道路。工业在很长一段时间内都会是支撑和带动中部经济发展的主要力量，而资源产业替代模式是资源型城市最重要的转型路径之一。

一是完善资源型城市开发利用补偿机制。一方面，监督资源开发主体承担资源补偿、生态建设和环境整治等方面的责任，将生态环境治理成本内部化；另一方面，推进资源税改革，促进资源开发收益向资源型城市倾斜，政府对资源衰竭的城市给予必要的资金和政策支持。

二是创新体制机制。以创新驱动替代粗犷型加工，全面考虑市场供需关系、资源稀缺程度、环境补偿成本等因素。掌握自主核心技术，对矿产资源进行深加工，提高产品附加值，追求优质产品，构建完善的资源性产品的价格形成机制。

三是转变政府职能，激发市场活力。处理好政府和市场的关系，在法律完善的基础上，大力推进简政放权，充分尊重市场意志，发挥市场主导作用。推动资源型城市的产业多元化道路，提高接续产业选择自主性。

四是以产业重构为资源型城市转型的核心内容。将经济发展的主导产业从资源型产业转为地方特色产业，鼓励环保、低碳产业发展，尤其是大力发展与本地区资源相关的循环经济。

（三）高新技术嫁接模式

针对技术水平低下的产业，可以培育高新技术嫁接模式。以提升技术水平为关键促进传统产业转型升级，搭建"中部智造"和"中部创造"新平台。对于大多数企业来讲，技术突破才能带来产业升级的突破，技术创新才能在同质同构的产品竞争中实现新超越。高新技术嫁接模式是指针对技术水平低下但具有大量潜在活力的传统产业，通过嫁接发达地区的先进技术，实现优势技术与产业实际深度融合从而提升产业技术水平、提高产品竞争力，使传统产业重新焕发生机与活力的一种模式。实现高新技术对传统产业的嫁接，不是单纯将技术堆砌在传统产业上，最重要的是实现两者的融合，以此为传统产业的自主创新和技术创新打下坚实的技术基础。

一是要大力实施传统产业"高新化"、新兴产业"高端化"战略。引导工业企业增强研发能力，积极培育高新技术产业，造就一批拥有自主知识产权、掌握核心技术的企业和品牌。以科技创新引领产业转型升级，为"中部制造"迈向"中部智造"注入动力。

二是要将科技元素融入传统产业，让传统产业"高新化"。在引进项目上，瞄准科技型、专家型的高端企业，以此实现引智创新。

三是要注重产学研相结合。力促企业与高等院校、科研机构联姻，搭建"中部创造"平台，促进科技成果转化及产业化。

三、两化融合模式

（一）"互联网+"渗入模式

推动互联网技术与优势产业深度融合，催生非公经济发展新形态，以"互联网+"渗入模式引导中部地区发展虚实结合新型经济。"互联网+"是创新2.0时代背景下互联网发展的新业态，是知识社会创新2.0时代推动下的互联网形态演进及其催生的经济社会发展新形态。在大数据信息新时代，发展非公企业需要实现"互联网+"渗入模式，推动移动互联网、云计算、大数据、物联网等与现代制造业结合，促进电子商务、工业互联网和互联网金融健康发展，引导互联网企业拓展国际市场。

一是必须紧紧抓住"互联网+"这一发展契机，进一步激发互联网企业创业创新的积极性。推动互联网技术与优势产业深度融合，协助企业寻求新的经济增长点，帮助企业在转变经济发展方式、调整经济结构等方面发挥积极作用。"互联网+"渗入模式强调推动互联网由消费领域向生产领域拓展，加速提升产业发展水平，增强各行业创新能力，构筑经济社会发展新优势和新动能。

二是重点推进互联网向传统产业渗透。互联网是技术平台、底层架构，最初起源于安全需求，如今在经济领域大放异彩。传统经济正向网络经济转轨，这一有机联系的经济使各行各业紧密连接。因此以互联网为代表的连接型技术逐渐渗透入各行业，引发了以融合为主要特征的信息革命。互联网虽然不是直接的生产力，但作为渗透性因素，经过与各行业融合，可以加速传统产业的转型升级。

（二）智慧融合发展模式

大力推进智能制造，着力促进信息化与工业化深度融合，以智慧融合发展模式带动发展智慧经济。

一是重点深化制造业与互联网融合。以江西省为例，需要加快建设江西工业云，支持南昌、上饶、抚州和赣江新区等大数据基地建设。

二是深化信息化与工业化融合。推进企业两化融合管理体系对标贯标，加快智慧城市、信息消费试点城市、宽带中国工程建设。大力实施智能制造"万千百十"工程，建设100个数字化车间，推动实施40个智能制造示范项目。

三是实施"万亿产业、千亿企业"培育战略。以江西省为例，可以从现有11个千亿产业中，重点选择1～2个，通过引进、扶持龙头企业促进产业集聚、集成发展。实施适度超前的生产性服务业发展战略，围绕主导产业的价值链、供应链，大力发展工业设计、服务外包、现代咨询、平台经济等生产性服务业。

四是以"一带一路"统揽中部开放发展，着力打造内陆地区开放型经济新增长极。

五是国外重点引进欧美国家的项目，国内重点在沿海城市开展系列专题招商活动。加大市场拓展力度，进一步优化对外贸易的产品结构、市场结构，提升国际竞争力。

（三）数字融合带动模式

以大数据产业为抓手，打造数字经济示范区，以数字融合带动模式促进发展数字经济。随着我国网络购物、移动支付、共享经济等数字经济新业态、新模式的蓬勃发展，培育数字企业、推进信息化与工业化深度融合成为大势所趋。必须以发展大数据产业为抓手，积极构建以数据为核心的大数据产业链，拓展云计算、数据中心、呼叫中心等新业务，努力把大数据产业打造成为战略性新兴产业的重要支柱。此外，打造数字经济示范区需要着力推进大数据存储计算、大数据医疗、大数据金融、大数据文娱、大数据旅游等九大产业运营中心建设，加快推动经济社会实现新跨越。发展新经济，科技创新是关键，可以与中科院合作成立大数据研究院。如江西成功建立了省内大数据领域的首个创新型研发机构，重点在政务大数据、城市管理大数据、行业大数据各领域展开学术研究、技术创新、人才培养和成果产业化。加快数据集聚步伐，全力搭建大数据产业发展平台，加快重点项目建设，完善大数据产业生态链。

四、内外联动模式

（一）草根产业融合模式

以产业融合发展为指导方针，加速草根产业多元融合发展，打造草根经济发展新业态。在非公企业中，草根产业众多。草根经济经过多年起起落落，已经形成了一定的规模并具备一定的影响力。为促进草根产业的长远持续发展，提升草根经济的综合竞争力和影响力，需要发展草根产业融合模式，以融合促发展。通过产业融合，实现草根产业的转型升级。通过打造草根产业与旅游业融合模式、草根产业与新兴产业融合模式、草根产业与运输行业融合模式、草根产业与传统农业融合模式、草根产业与信息行业融合模式等，为社会提供更优质的带有草根经济标志的服务和产品，实现非公经济中草根经济的长远发展。其中，草根产业与信息行业融合及"互联网＋"渗入草根经济，都能为草根产业带来新业态。

（二）高新技术嫁接模式

以高新技术嫁接为技术突破口，促进传统产业技术改造升级，焕发传统产业转型新活力。所谓高新技术嫁接模式，是指企业通过嫁接高新技术先进经验、技术和资金，实现本土产业的率先发展。一方面，将海外高科技产业"引进来"，嫁接到本土，实现产业的本土化，壮大本土经济；另一方面，打造"一带一路"双向桥头堡，鼓励本土产业资本"走出去"，依托自身资源优势，主动对接海外先进技术和全球市场，实现快速成长。对于中部地区而言，实现高新技术和传统产业的嫁接是中部大部分传统非公企业面临的主要问题。在嫁接过程中，主要是要实现对海外高新技术产业的嫁接，将对方的先进管理经验、技术、资金嫁接到本土传统产业。以此实现产业的转型升级，促进传统产业适应中国特色社会主义建设的新时代和新时代下经济发展的新常态。

（三）本土特色发展模式

因地制宜发展地区优势产业，扶持本土特色产业体系建设，打造块状经济展现地区本色。所谓本土特色发展模式，是指因地制宜地依靠本土特色优势发展产业。以江西省为例，江西的有色金属和稀缺矿产资源丰富，但资源的过度开采不仅带来资源的快速衰竭，还导致严重的环境污染问题。此外，江西地方特色美食众多，但没有实现食品产业的延伸。江西非公企业在形成和发展的过程中就带有浓厚的本土气息，发展本土特色产业，实现江西产业特色化，本就是江西走向世界的一张耀眼的名片。本土特色发展模式强调因地制宜，中部地区面积广大，南北差异大，各地有各地的特色，在各地形成的大大小小非公企业也带有明显的地域特征。因此，当地政府需要加大扶持地方特色产业的力度，实现本土产业特色化发展。

（四）高铁带动开放模式

对接"一带一路"建设、长江经济带和中部崛起等战略，完善港口基础设施建设，打造高铁经济发展试验区和高铁开放经济带。随着昌九城际、沪昆高铁和合福高铁等高铁线路的开通，中部地区也大步迈进"高铁时代"。高铁飞速发展对人流、物流、资金流、信息流、产业转移、城市提质、区域合作带来无限机遇。高铁可改善旅游目的地的可达性，引发旅游空间格局的变化和激烈竞争。一方面，中部地区旅游、休闲、度假资源虽然丰富，但目前仅停留在门票经济层面，并面临与浙江、广东、福建等周边省份的激烈竞争，容易出现"目的地"变"过境地"的不利局面。在放大高铁经济效应方面，需要推进高铁与机场、快速路、公路等交通系统的无缝连接，提升沿线城市间同城化水平；遵循高铁经济发展规律，推动与高铁沿线发达地区优势产业互补；优先发展旅游、大健康、商贸、物流等产业，把高铁沿线建设成为黄金旅游线、现代服务业集聚带。另一方面，中部地区积极参与"一带一路"建设，已构建起海陆空立体式丝绸之路通道，开展了系列国际经贸合作。围绕全面落实国家"一带一路"建设、长江经济带和中部崛起等战略，着力打造内陆双向开放高地，深化与"一带一路"沿线国家国际产能、创新能力等领域合作，打造"一带一路"重要节点城市；坚持"共抓大保护、不搞大开发"，加强与长江沿江省份的基础设施、重点产业、体制机制对接；进一步完善重大开放合作试验区、示范区，打造一批"飞地经济"样板，不断提升对外开放合作水平。

（五）两头在外特色模式

紧抓"两头—中间"三重环节，完善连接"原材料＋市场"两头的交通连接枢纽建设，以两头在外特色模式推动非公企业持续健康发展。两头在外模式是近年来我国经济发展过程中形成的较具有代表性的非公企业发展模式，如江西南康家具产业。要实现两头在外模式对非公企业的持续带动作用，就要紧抓原材料和市场两头以及中间生产的三重环节，完善交通基础设施，形成具有当地特色的两头在外特色模式。一是加强产业生产基地建设，打造高水平的生产基地，以发展块状经济带动地区经济实现专业化集群发展。依托产业集群带来的规模效应以及技术水平、管理经验的实时共享，做好"中间"环节。二是依托高铁、航空等基础交通设施建设的逐步完善，加强重点港口建设力度，为发展"两头在外"特色模式提供必要的交通条件。便捷的交通是连接产品市场和原材料的重要纽带，交通发达是两头在外特色模式发挥效用、促进整体经济发展的基本条件。三是原材料和市场要素是两头在外特色模式的重要组成部分，依托交通完成原材料和产品的输入输出，依托开放战略开拓省内省外、国内国外市场。四是加强技术革新和产品创新，掌握核心科技，提升生产基地高新技术水平，提高产品质量，加强品牌建设，扩大对外宣传，为产品外销赢得市场。

五、精神推动模式

（一）文化观念引导模式

培育文化观念引导模式，以文化观念引导全民创业，以全民创业促进非公经济发展。所谓的文化观念引导模式，是指培育本土的创业文化环境，激活微观经济主体活力，以观念引导全民创新创业。由于创业文化是在一定的自然环境、历史和文化传统的基础上形成的，因此各地的创业文化必然具有差异性，试图移植和复制先进地区的创业文化是不现实的。但可以在借鉴发达地区创业文化的基础上，培植有利于本土创业文化形成的环境，使本土的创业文化得到有效提升。文化的形成是一个漫长过程，作为一个有为的政府只能通过宣传和倡导加快推进这一形成过程。要形成全民创业的文化，就要打破封闭的自给自足状态，增强危机意识。一是促使一部分农民从土地中解放出来，鼓励农民迁移到发达城镇周围，给予他们一定的住房和资金补偿，并在税收政策和完善中介服务体系等方面给予足够的支持，激发自主创业信心。二是加快部分国有企业民营化的步伐，形成国企核心、民企外围的大型混合所有制集团。三是增强开放程度，鼓励剩余劳动力走出去，通过政府、劳务公司、媒体等各种途径为剩余劳动力的输出创建一个平台。在外务工的剩余劳动力返乡带回的不仅资金，还有先进的技术、信息和当地的创业文化及管理经验。

（二）工匠精神推动模式

培育和打造工匠精神，凭借工匠精神精益求精的内在机理，实现工匠精神对工业制造业向高品质、优工艺方向的推动。工匠精神是对中国古代精益求精精神的传承，其精髓是专注、严谨、耐心、注重细节、追求完美、淡泊名利，而背后更深厚的文化、伦理与制度内涵体现的是对人和劳动的认同和尊重，想唤醒的是对劳动者的人文关怀以及劳动者自身的社会担当。与工匠精神相匹配的不仅是匠人经济地位和社会地位的上升，更是匠人受到社会的尊重。工匠精神推动模式的关键在于教育和培训，一方面要推进产教融合人才培养改革，将工匠精神培育融入基础教育；另一方面要注重企业对员工的专业技能培训。在当前推进人力资源供给侧结构性改革、全面提高教育质量、扩大就业创业、推进经济转型升级、培育经济发展新动能等新形势的迫切要求之下，培育工匠精神需要推进职业学校和企业联盟、与行业联合、同园区联结，深化产教融合，促进教育链、人才链与产业链、创新链有机衔接。工匠精神的培养需要全社会的关注，需要从全社会的范围消除对技术和劳动的歧视，营造一种平等尊重的环境，同时要提高工匠的社会地位和待遇，从制度层面来保护工匠精神。

（三）企业家精神引领模式

提高和激发保护企业家精神的意识，培育和传承优秀企业家精神，实现企业家精神对企业发展的引领和带动。企业家精神是企业持续创新发展的不竭动力，是 21 世纪推动国家经济发展最主要的动力之一，是技术创新的驱动力、产业结构变迁的原动力、社会就业的创造者、财富积累的重要源头和制度变迁的推动力。企业家精神所带来的经济效应是不可估量的，企业家精神不仅带动企业绩效提高、促进经济发展，而且能够推动整个社会的进步。企业家精神可以渗透到个人个体层面、公司组织层面和整个社会层面，对社会方方面面都产生重大而深远的影响。针对企业家精神培育重视不够、企业家创业空间受限、产权保护制度不完善、创新精神被抑制、制度性成本高、创业热情被压制和社会诚信缺失等影响企业家精神正能量释放的突出问题，需要意识到激发和保护企业家精神的重要性。出台激发和保护企业家精神的意见，抓紧研究制定配套政策措施，加强对优秀企业家的社会荣誉激励，完善对企业家的优质高效务实服务，健全企业家容错帮扶机制，完善支持企业家专心创新创业的政策体系，支持企业家持续创新、转型发展，加强企业家精神的培育传承。

一是必须重新认识企业家精神的核心内涵和创新引领作用，将培育和激发企业家精神放在创新驱动发展战略的核心位置。要加快经济体制改革，使市场在资源配置中起决定性作用，进而为充分发挥企业家才能、培育和激发企业家精神创造良好条件。

二是必须进一步加快推进国有企业和垄断行业改革，坚决打破不合理的行政垄断和市场垄断。按照"非禁即入"的原则，取消规模、股比、经营范围等限制，打破区域行政壁垒，不断扩大企业家投资创业空间。

三是完善产权保护相关法律制度。加快推进民法典编纂工作，完善物权、合同、知识产权相关法律制度，清理有违公平的法律法规条款，平等保护各类市场主体。

四是建立起一种"亲""清"的新型政商关系。进一步简化办事流程，提高政府服务效率，坚决杜绝寻租腐败和利益输送现象。有针对性地加快相关领域改革，切实降低物流、能源资源成本。完善创新创业扶持政策，加大资金、人才、土地等方面的优惠力度，降低创业成本。完善税收等优惠政策，切实降低创业企业负担。

五是加强企业家思想道德教育和社会责任意识培育。在全社会大力弘扬诚信文化和诚信精神，为企业家精神的培育营造公平、透明、稳定的社会诚信环境。

六是在推进经济社会转型和完善社会主义市场经济体制的过程中，必须要加强舆论的正面宣传和正面引导，为企业家成长和企业家精神培育创造良好的舆论环境。

第五节　产业发展模式选择与路径

一、以工业互联网为基础：互联网＋制造

（一）模式运用

工业互联网已经成为新时代先进制造业发展的基石。全球多家行业巨头制造商如英国石油公司、墨西哥铁路公司、澳洲航空、德国西门子均借助美国通用电气公司（GE）的 Predix 工业互联网平台实现资源优化配置和产品服务增值。事实上智能制造不只是硬件上的科技创新和运用，更是一种以智能工厂为载体、以生产关键制造环节智能化为核心、以"端到端"数据流为基础、以全面深度互联为支撑的发展模式。

（二）路径借鉴

随着网络信息技术与工业的不断深度融合，数字化、网络化、智能化的新型工业形态逐渐形成，工业互联网已成为世界主要工业国家抢占国际制造业竞争高点的重要板块，是各国寻求经济新增长点的共同选择。以工业互联网为基础的智能制造要求在市场销售环节，企业要了解市场需求，制造出更加符合客户需要的产品，为客户创造更大价值；在生产研发制造环节，大幅度提升研发效率和生产管理效率，不但需要在生产制造过程中更好地节能降耗、提升管理绩效，而且需要对企业进行生产流程再造，提高生产线的灵活度与适应能力；在物流环节，加快产品的流通速度，让产品更快地传递到客户手中；在生产服务环节，更好地实现生产服务智能化。

二、以产业渗透与重组为核心：产业融合＋公司重组

（一）模式运用

产业融合发展是全球经济发展的重要趋势，是企业转型升级的必经之路。美国城市曼哈顿产业转型成功得益于科技同传统行业以及市场的紧密结合。这种模式往往通过运用互联网技术为商业、时尚、传媒及公共服务等领域提供解决方案，将技术与传统行业相结合，用技术改革传统行业并建立细分市场。浙江省慈溪市委市政府不失时机地鼓励支持企业实行联合重组，引导鼓励企业联合投资开发、联合改组股份制有限公司、联合组建区域性销售网络等，促进企业资本结构优化、管理水平提升和产业结构转型升级。互联网对传统产业的全方位渗透将加快农业、工业与服务业的融合，并推动产业内部的结构分化和跨界重组，构成未来经济转型的重要驱动力。

（二）路径借鉴

借鉴以产业渗透与重组为核心的产业融合新模式，推进高科技与传统产业的渗透融合，使高新技术及其相关产业向其他产业渗透、融合，形成新的产业。同时鼓励产业内部重组融合，使原本各自独立的产品或服务在同一标准元件束或集合下通过重组完全结为一体。

三、以制造业服务化为新优势：制造 ＋服务

（一）模式运用

制造业服务化是制造企业转型的发展趋势。在全球化经济背景下，制造业企业面临成本压力上升、盈利下降、节能环保要求提高等诸多压力。制造业企业依靠市场份额领先已无法保证稳定的利润来源，价值增长的潜力已转移到下游服务和融资活动中。例如，美国 IBM 公司先是由单纯的硬件制造商转型为提供硬件、网络和软件服务的整体解决方案供应商，再转向服务产品化。现如今 IBM 走在顾客需求前列，成为智慧服务商的领头羊，由被动等待客户需要的服务转向主动挖掘客户潜在需求，为客户提供增值服务、专业化服务，成为纯粹的服务商。不断向服务商转变使 IBM 得以存续百余年且历久弥坚。此外，沈阳机床在行业领域率先提出从传统制造商向工业服务商转型战略，也是"制造 ＋服务"模式运用的优秀例子。

（二）路径借鉴

在制造业服务化方面谋求新优势，进一步创新"制造 ＋服务"模式。一是要围绕客户需求改变以往单纯靠销售为主的营销网络模式；二是搭建制造业新生态，整合需求方、设计方、制造方等各方资源，以消费者为中心、以重构需求型供应链为主线来改造传统制造业模式，提高企业服务能力；三是要让"私人定制"从想象变为现实，开创工业服务的新模式。

四、以工业特色小镇为载体：工业 ＋旅游

（一）模式运用

德国小城镇工业强盛的前提条件是依靠小镇群为空间载体、以"工业 ＋旅游"为主题打造小镇产业集群。德国善于根据小镇产业特色分类规划和打造，例如大众总部的沃尔夫斯堡小镇用开放式、生活性的展示方式表达了小镇与汽车的密切关系。同时德国还充分展现自身的产业科技，通过科技生活与小镇文化的交融让城市焕发魅力。全球化工巨头巴斯夫的总部在路德维希港，路德维希港以近乎严苛的环保标准，建设公

用工程"岛",实现水、电、热、气的集中供应。同时通过 2 500 公里的管道实现物质闭路循环,使上下游生产工厂相互连接,生产能耗大幅降低,产品与副产品可以循环利用,形成"纳废吐金"的一体化模式。弗赖堡之所以能迅速成为家喻户晓的绿色之都,就在于制定了"绿色"远景规划,利用城市的生活场景进行大张旗鼓的宣传营销。"绿色城市"概念延展了弗赖堡太阳能产业内涵,规避了太阳能产业过剩带来的弊端,带动了弗赖堡旅游经济、会展经济、健康经济、自行车经济的共同发展,为产业持续创新提供了动力。

(二)路径借鉴

借鉴德国经验、依托产业优势,将知名企业的工业小城镇打造为工厂圣地。借助科技创新,将重化工为主的小城镇打造为生态经济示范小镇。应用规划和营销手段,将新兴产业小城镇打造为绿色之都。

五、以生态可持续为特色:生态+制造

(一)模式运用

当前绿色制造和循环经济模式已成为全球工业发展的普遍共识。发达国家均积极实行绿色制造方面的部署,包括加快制造业绿色改造升级、推进资源高效循环利用和积极构建绿色制造体系等,绿色是当前工业企业发展的新方向。我国可借鉴国外模式,不断促进资源循环利用产业体系的完善,推动依赖单一资源发展向多产业共生发展转型,塑造资源型城市循环工业发展模式。促进一些大型的资源型企业进行初级生态化改造,构建并整合生产系统循环链,实现资源的多层次转换利用和生态环境改善。

(二)路径借鉴

可借鉴"中国—新加坡"天津生态城建设经验,探索跨国跨省区的合作方式。在资源贫瘠但区位优越的地区逐渐发展新型智能产业,使其成为城市与产业良性互动发展的示范。

第六章

江西中部赶超的产业发展政策建议

第一节　企业培育

一、加快做强一批行业龙头企业

企业是市场的主体、经济的细胞，大企业大集团多而强则是一个地区产业实力强的象征，同时也是产业发展的主导命脉和经济增长的重要引擎。一是要实施"大企业大集团培育领航计划"。重点培育一批市场前景佳、成长性好的行业龙头企业，通过联合、兼并、重组、上市等方式，提升企业规模和竞争能力。加速培育一批主营业务收入超百亿、过千亿元的大企业大集团，成为中部崛起的中坚力量。二是要实施企业升级计划，实现梯次发展。着重推动一批年主营业务收入超 50 亿元的企业升级换代，努力实现一个"龙头企业"带动一个产业、发展一批"小微"企业，进而形成一个"产业集群"的发展格局。三是要加强"小升规"的企业培育计划。规模以上企业是经济发展的主要力量和基石，新申报纳入统计的规模以上企业是经济发展最重要的增长点。

二、加快做优一批专精特新中小企业

大企业要做强，中小企业则要做优。要以行业及产品战略化、研发精细化、产品及服务特色化、业态及经营模式新型化为核心，朝"专精特新"方向发展。一是在以汽车零部件、船舶、新材料、工业机器人等为代表的高端制造领域，集聚一批专精特新企业和配套产业集聚区。深化"专精特新"中小企业与大企业的产业合作，借鉴德国的经验，采取举办车间现场的方式对中小企业进行内部培训，搭建与大企业

的对接平台。二是要鼓励中小企业发扬"工匠精神",聚焦航空产业、新能源产业等十大战略性新兴产业产业链上的重大项目、重点产品和重点配套的配套环节和支撑环节,做专做精零部件产品,走专业化发展道路。

三、加快培育一批"独角兽""瞪羚"企业

根据国家科技部发布的"独角兽"企业榜单中,不少"独角兽"创始人来自中部地区,如科技信息服务业滴滴出行 CEO 程维、VR 行业巨头柔宇科技的 CEO 刘自鸿均是江西人。一方面中部一些本土企业与行业巨头有着天然的、无缝的亲情交流,能促进相关产业技术的创新发展;另一方面近年来涌现的新兴业态加速吸引国际资本的关注。为此,一是要将上榜的瞪羚企业作为政府及有关职能部门的重点支持对象,出台专门的扶持政策。设立专项财政支持资金,支持企业开展技术创新、新产品开发活动,对于首次入选的瞪羚企业,给予一次性奖励。在同等条件下,技术改造项目、技术成果转化项目,重大科技专项资金优先向瞪羚企业倾斜。优先保障瞪羚企业发展用地需求,参照高新技术企业对瞪羚企业实行税收优惠政策,优先推荐瞪羚企业申请"财园信贷通"和"科技专项贷款"。设立瞪羚企业发展培育基金,为瞪羚企业提供股权、保险等全方位融资服务。二是要从科技型、创新型的中小企业中筛选一批有潜力的企业建立瞪羚企业后备军。整合资源对后备企业进行培育,支持后备企业开展技术创新,加大新技术、新产品研发力度。实行技术成果转化项目,建立企业技术中心,引导后备企业加强质量品牌建设,帮助企业开拓市场。加强后备企业人才培养,提升企业家素质和企业管理水平,积聚后备企业成长爆发力,加速瞪羚后备企业向瞪羚企业的转化。三是要依托国家级高新开发区、国家级经开区、省级工业园区和一大批科技园区、小微企业创业创新示范基地、新经济企业孵化器等平台,加强瞪羚企业孵化培育。有条件的开发区和园区应出台相应的瞪羚企业支持政策,不断增强平台服务功能,针对瞪羚企业发展的多样化、多层次的服务需求,大力引进一批孵化器和加速器人才。同时,引进一批专业服务机构,为瞪羚企业提供全方位、全生命周期的便利化、专业化服务,充分发挥瞪羚企业孵化器或加速器的孵化加速作用,使孵化器或加速器真正成为瞪羚企业生长的摇篮。

第二节 园区提升

一、国家级对标国家级抓园区追赶

工业园区是工业发展的"主阵地"和"主战场"。工业园区的可持续发展是实现工业中部崛起的关键，尤其是国家级园区的发展。据 2017 年数据统计，南昌高新技术开发区排在全国高新区第 39 位，长沙高新技术开发区排在全国第 16 位，合肥高新技术开发区排在全国第 7 位，中部地区国家级园区发展差距较大。江西各工业园区要牢固树立"发展是第一要务"的发展理念，对标安徽、湖南各级工业园区制定各自赶超目标。中部地区两地之间"产业相近、企业相亲"的地市县（区），各地市县（区）领导要亲自带队走访，通过多学习、取真经、学实招，实现各园区赶超的目标。

二、满园扩园抓园区集约式发展

江西各级工业园区发展水平参差不齐，要摈弃工业园区主导产业不明，引进一个项目就是一个产业，一个普通省级工业园区就有 7 ~ 8 个主导产业的现象。为此，一是各级工业园区必须明确 1 个首位产业加上 1 ~ 2 个主导产业的规划布局。坚持特色立园、产业兴园、科技强园，按照"一园一主导""一园一特色"的发展模式，鼓励围绕首位产业、主导产业，以"区中园""园中园"等形式推动开发区建设和运营主题产业园。二是形成大园带小园的良性发展模式。如上饶经开区（国家级）主导产业是"两光一车"产业，上饶经开区便围绕"两光一车"这一主产业，以周边各县工业园区（省级）做配套，形成大小园区同步发展，避免"同质竞争""恶性竞争"。三是坚持"亩产论英雄"着力提升土地产出率。按投入强度和单位产出水平，对"低产田"和"高产田"进行差别化的资源配置和政策支持，对闲置的土地和"僵尸"的项目，要"腾笼换鸟"坚决收回。

第三节　产业振兴

一、紧盯战略新兴产业倍增做文章

江西在追赶广东、江苏等东部省份工业发展的进程中，战略新兴产业倍增将发挥不可替代的作用。战略新兴产业代表着未来，代表着先进的工业制造业。一是要紧盯总体规模倍增、龙头企业倍增、示范基地倍增三个倍增目标做文章。未来3年江西省战略性新兴产业主营业务收入要突破万亿元；引进或建设超百亿元骨干龙头企业达20家以上；建设20个战略性新兴产业集聚区；单个产业集聚区的产业链上下游企业主营业务收入要达到千亿元。二是要紧盯新兴产业梯队做文章。电子信息产业、生物医药产业、航空产业等优势产业要领跑全国；新能源、新能源汽车、新材料、先进装备制造等潜力产业要实现加速追赶。

二、聚焦传统产业优化升级抓振兴

传统产业优化升级是实现产业振兴的关键。中部地区传统产业在全部产业中所占比重较大，其中江西省超70%，比重超过湖南和安徽。因此，江西省对传统产业进行优化升级需要做到以下三点：一是要抓全省传统产业的协同创新发展。尽管近几年江西省企业科技创新和知识产权意识有所增强，开展R&D的企业数量和参与R&D活动的人员有所上升，但规模以上企业R&D企均人员和企均支出却呈下降态势。因此要努力将R&D比例从目前全省平均0.6%提升到1.5%以上。二是要抓传统产业的智能制造。江西省分阶段稳步推动各传统领域的高端智能制造，有条件的产业和园区要在全国或中部率先推出一批智能制造单元、智能车间、智能工厂。对于将来新入园的企业，智能化指标将是最重要的考核指标，以此实现工业化与信息化的高度融合。三是要抓兼并重组、淘汰落后产能。鼓励龙头企业整合资源，兼并重组行业内企业，成为行业内的"航空母舰"。要依据安全生产、环境保护、税收贡献、外观形象、清洁生产等指标淘汰一批落后产能，以腾出园区的产业承载力。

三、提升新经济新动能产业抓培育

近年来江西省新经济发展速度在中部领先，江西省产业发展道路值得借鉴。以 VR 技术、航空产业、新材料、锂电及新能源等新兴技术产业为代表，目前江西省已经形成航空产业、新能源汽车产业、光伏锂电产业等一批领先中部省份的优势产业。一是江西是新中国航空工业的摇篮，是中国唯一同时拥有旋翼机和固定翼机研发生产能力的省份。江西在 C919 飞机制造中已占据 25% 的份额。二是江西省光伏产业规模一直处于国内前列，其中上饶的晶科能源在"中国制造 2025 高峰论坛"入围中国制造十佳。三是江西省锂电新能源产业正成为全国的"锂芯"，如赣锋锂电是全球最大的金属锂生产供应商之一。四是江西省在过去的几年中持续承接国际产业和东部沿海产业的转移，传统产业嫁接人工智能、工业互联网应用、传统企业利用大数据和云计算已开始成为一种常态，为传统行业带来了一批高新技术企业崛起，新经济新动能的潜力巨大。

第四节　融 合 发 展

一、产 城 融 合 促 进 城 产 协 同

一是要坚持"产促城、城兴产、产城互动、融合发展"的发展观，在工业园区中全面推进产城融合。当前中部地区工业园区发展已到了重要转折期，工业园区不仅是产业的集聚地，也是产城融合有机结合的载体。中部地区工业园区在承接国际以及东部产业转移的过程中，面临着诸如土地、劳动力、资金、生态环保等一系列因素的制约，政府优惠配套政策减弱，工业园区更需要城市功能的完善。以工业园区为载体实现产城融合，既能促进园区产业的发展，解决产业发展中诸如招工难的问题，又能保障人口的就业，实现城镇化，推动城镇化的快速发展。二是各级别工业园区产城融合的重点不同，产城匹配是关键。中部地区国家级工业园大多聚集了装备制造、电子信息、生物医药等资金密集型产业，同时也兼有创新创业、高新技术等技术密集型产业。这些园区除了一般性的基础设施、生活服务配套外，更需要大学、实验室、研究所等为产业发展提供科学及技术创新动力的要素。国家级工业园区要把聚集科技人才以及提供战略新兴产业研发、中试、孵化作为产城融合的重点内容。而省级园区产业类型大多以劳动力密集型、资金密集型产业为主，在空

间上用地规模需求较大，对劳动力素质的要求较高。这类工业园区一般设在地、市、县周边，产城融合的重点应该是建设商业中心、酒店餐饮、文化娱乐等生活配套设施以及金融、会展、商务办公、学校、医院、职业教育等公共服务配套设施。

二、军民融合促进军民协同

2018年6月江西省委、省政府、省军区出台《关于加快推进军民融合深度发展的意见》，意见提到"六个深化"和"十个一批"。其中产业领域要深化产业融合，做大做强军民融合主导产业，打通"民参军"通道，健全"军转民"机制。重点培育10家全国有影响力的军民融合大企业、100家军民融合中小特色企业，为江西省壮大通用航空、新材料、卫星应用、人工智能等一批新兴特色产业发展提供了极好的契机。一是要壮大军民融合产业发展水平。军民融合产业在保持当前主营业务收入水平的基础上，继续拓展"民参军"范围，深挖船舶、电子、航空、航天等细分领域的潜力。加大军民协同创新力度，努力使江西在推动军民融合深度发展方面走在全国的前列。二是要积极申报国家军民融合创建示范区，推动有基础和潜力的市、区、县等纳入国家层面的军民融合产业发展体系，以促进军工城的建设和军工产品的研发、生产及销售，带动军民融合产业向中高端迈进。三是要推动省级军民融合创新示范园建设。各地可依托现有的高新技术产业开发区、经济技术开发区、国家级新区以及产业集聚区等平台和载体设立省级军民融合创新示范区。

三、三产融合促进产业协同

对于医药、食品等传统产业，要打破产业间隔阂，在省级层面实施整合协同发展。同时要紧抓产业链发展的短板，通过一产、二产、三产的融合，形成三次产业大联动。为此，一是要加快产业内联动，促进产业链纵向协同。在已有龙头企业的基础上，可以打造一批具有资源集聚力、市场竞争力、行业影响力的产品研发生产企业。中药饮片上，江西拥有仁和药业、汇仁药业等龙头企业，并有向上下游中药材种植、药品流通领域延伸的趋势；医疗器械上，有先进医疗器械、便携式家庭医疗器械、医疗康复辅助器具及养生保健器械产品的龙头企业；健康食品上，有赣南食品、上高食品等一批具有地方特色的食品企业；保健饮品上，有宜丰百岁山水产业等一批"专精特新"企业。生产企业要以品牌、项目为抓手，以龙头企业为纽带，带动产业内联动和兼并，形成医药、食品产业内部纵向整合。二是要加快产业间整合，促进产业链横向协同。如工业与农业联动，发展绿色（有机）食材、药材种植，为中医药、食品工业提供优质的药用原材料和食品原材料；工业与养老、养生服务业联动，促进工业医疗器械、保健品生产；工业与旅游业联动，创新"工业旅游"新模式；工业与互联网、大数据联动，催生工业互联网、数据云，形成工业智能制造；工业与物流业联动，形成工业物流。

四、城市融合促进市级协同

要实现赶超部分东部先进省份的目标，市级工业发展水平和质量是关键。中部地区共有 81 个地级市，其中湖北 12 个、湖南 14 个、江西 11 个、安徽 16 个、山西 11 个、河南 17 个，要全力促进市级工业发展迈上新台阶，为实现中部崛起提供保障。为此，一是要抓都市圈的工业高质量发展。安徽有"合肥、巢湖、六安"工业协同发展圈；湖南有"长株潭"工业协同发展圈；江西有环省会南昌的工业发展圈，即"大南昌"都市圈，包含南昌市、宜春的丰樟高、抚州市、赣江新区等地。江西要借鉴安徽、湖南都市圈发展先进经验，抓住国家级发展新区获批的时代机遇，打造生态良好、发展迅速的都市圈。二是要以带状紧抓工业发展。江西省东面是上饶市、鹰潭市工业带；南面是吉安市、赣州市工业带；西面是宜春市、新余市、萍乡市工业带；北面是九江市、景德镇市工业带。三是要抓市与市之间工业的协调发展。各市要根据本市的首位产业进行项目、企业、园区、产业的空间布局，坚决抵制各市互相"挖墙脚"的行为，要围绕各市的主业进行项目招商、引进企业。市与市之间、园区与园区之间要形成相互配套、相互协作的新型合作关系，实现市级工业集群式发展新突破。

五、两化融合促进工业＋互联网协同

在先进装备制造业方面，中部地区发展较为落后，且地区差距较大。就排名靠后的江西、山西来说，要学习安徽、湖南在智能制造方面的强项，以此缩小中部发展差距。江西实现在中部地区的进位赶超需要注意以下四点：一是在人工智能产品方面要重点发展智能软硬件、智能机器人、智能运载工具、虚拟现实、智能终端、物联网基础器件等。二是要在智能制造装备方面重点发展高档数控机床、3D 打印、智能仪器仪表、智能电网、智能工程机械、智能环保设备等智能化专用设备。三是人工智能和智能装备应用方面要将重点放在生物医药、纺织服装、电子信息、汽车等领域，建设智能工厂、数字化车间。在食品、机械、建材、有色、轻工等行业组织实施"机器代人"。四是在人工智能和智能制造服务方面要重点发展面向人工智能和智能制造的生产性服务业，提供智能系统的方案设计、工程实施和综合集成服务。

六、大中小企业融合促进上下游协同

要发挥大企业的引领辐射作用，江西要通过"双创"走出大中小企业融合发展的新路子。互联网时代为企业间广泛深度合作创造了条件。大企业创新不能关起门来"单打独斗"，而要搭建"双创"平台、创新机制，吸引众多中小微企业参与成为创新共同体，聚众智汇众力提高创新效率。这种新模式使大企业与中小微企业不再是简单的上下游配套关系，而是形成优势互补、相互服务、利益共享的产业生态，不仅能推动企业发展产生乘数效应，也会带动大量社会就业。为此，一是要抓大企业产业引领。江西要建立共性技术成果转化和公共基础设施开放机制，鼓励大型企业、龙头企业将技术成果向中小企业转化和开放。二是要抓中小企业与大企业产业配套。江西要大力发展科技型中小企业，鼓励科技型中小企业共同参与先进制造业标准的制定，将中小企业作为创新的主要力量和先进制造业创新的重要主体。三是要加强大中小企业信息共享和研发互动，加快集群内产业链上下游纵向集成创新体系，为大中小企业产业配套、科技创新搭建完整的全新的平台。

第五节　产业集群

一、推进"聚集群"建设，推动产业跨越式发展

通过加快实施和强力推进《江西省"十三五"工业园区和产业集群发展升级规划（2016～2020）》以及《关于深入实施工业强省战略推动工业高质量发展的若干意见》的工作进展，江西省产业"聚集群"建设发展十分迅速。江西按照"壮大龙头、延长链条、做大园区、完善市场"的要求，发展了一批规模较大、特色鲜明、配套完善、成长性好的产业

集群。江西省按照"2＋6＋N"产业跨越式发展五年行动计划的要求，着力打造有色、电子信息2个万亿级产业；装备、石化、建材、纺织、食品、汽车6个5 000亿级产业；航空、中医药、移动物联网、LED等若干个千亿级产业。立足传统产业基础现状和特色优势，江西省加强"国家级经济产业升级示范基地"建设，以有色、石化、钢铁、建材、纺织、食品、家具、船舶等八个产业为重点，着力推进产业优化升级行动。一是推动有色产业向高端、绿色、集聚、国际方向发展；二是推动石化产业向环保、安全、集聚、智能方向发展；三是推动钢铁产业向绿色、高端、多元方向发展；四是推动建材产业向绿色、高端、多元方向发展；五是推动纺织产业向高端、智能、绿色、时尚方向发展；六是推动食品产业向安全、多样、健康、营养、方便方向发展；七是推动家具产业向高中端、定制、智能、品牌方向发展；八是推动船舶产业向设计数字化、生产智能化、产品现代化方向发展。

二、强化产业链整合，打造优势产业新型集聚区

一是打造全国知名的新能源汽车产业集聚区。依托本省主要的产业集聚区，以新能源汽车整车产品为引领，加强自主创新，突破关键核心技术，推进整车及配套设备实现跨越式发展。充分利用江西资源优势，如锂云母资源，力争在锂提取及其深加工、新型锂离子动力电池正极材料、高容量大功率动力电池三大领域有新的突破。重点发展锂离子电池上游原材料生产、正极材料及其前驱体制备、动力锂离子电池组装与性能检测，研制先进电池管理系统和动力电机系统。

二是打造内陆电子信息产业集群创新高地。抢抓珠三角电子信息新一轮转移的历史机遇，积极支持有条件的地区承接沿海电子信息产业转移，从政策体系、产业布局、平台建设等方面提出具体的"路线图"。全力打造"中部联粤"电子信息产业走廊，努力建成内陆地区重要的电子信息制造业基地。江西省电子信息产业在中部六省中发展靠前，全省以南昌高新技术产业开发区、南昌临空经济区为主体，运用硅衬底LED自主知识产权。依托骨干企业，推进产业链上下游的配套联动，打造南昌光谷，占领半导体照明全产业链制高点。以电子信息产业集群为重点，依托工业园区，加快建设完善一批标准厂房等基础设施，大力开展"补链、延链"工程，推进建设一批技术研发、信息服务、质量检测、原料供应和物流配送等公共服务平台。提升承接转移企业的承接能力、加速

"本地化""集群化""配套化"的发展进程，提高电子信息产业在全国的竞争力。

三是打造国内领先的中医药科创城。江西中医药产业具备良好的产业基础和规模效应，培育了一批在全国颇具影响力的行业龙头企业。要抓住当前中医药发展"天时、地利、人和"的历史性机遇，着力构建融合开放、要素集聚、功能完善的中医药创新综合体，打造国内领先、世界一流的科创城。积极推动中医药研发机构向科创城集中，鼓励和吸引国内外中医药领域的知名高校院所、重点实验室在科创城设立研发机构，支持跨国公司、央企、大型民企在科创城设立研发中心。加强中医药领域前沿性、关键性和共性技术研究，推进科创城创业苗圃、孵化器、加速器、成果转化基地等载体建设，打造药物筛选、药效试验、药物安全评价、分析测试、医药新品中试等专业性服务平台。完善产学研用合作机制，创新科技成果转化机制，促进创新链、技术链和产业链的融合，加快建设中医药产业关键共性技术研发、科技信息、技术转移等公共技术服务平台。

四是打造全球首家虚拟现实 VR 产业基地。江西发展 VR 产业具有良好的传统产业基础，尤其是南昌市在虚拟现实产业所需的硬件制造产业关联的光学设备、精密仪器制造等产业发展上具有先发优势。南昌市应该抢占先机，重点立足红谷滩、面向江西、辐射中国、国际领先，在红谷滩新区建设和打造全国乃至全球首家虚拟现实 VR 产业基地。制定和编撰《中国（南昌）虚拟现实产业发展规划纲要》，设立中国（南昌）虚拟现实产业发展研究院，吸纳国内外一流的 VR 专家和 VR 企业家。创办新型机制下的研究组织模式和服务模式，努力成为虚拟现实产业高端智库、招才引智平台和创新创业孵化基地。以服务产业和企业的健康发展为核心理念，联系长江中游城市群核心城市以及"一带一路"重要节点城市来审视、谋划、推动南昌 VR 产业发展。通过南昌市 VR 产业的优先发展，引领和带动整个江西抢占中国新兴产业市场空白，实现和推动产业升级与发展。

参 考 文 献

［1］周平、熊曦：《湖南省各市州工业竞争力评价及转型建议》，载《经济地理》2018 年第 10 期。

［2］王洋：《中国区域工业竞争力研究》，吉林大学，2007 年。

［3］张力薇：《中国工业竞争力的区域差异及其比较》，西北大学，2007 年。

［4］蔡昉、王德文、王美艳：《工业竞争力与比较优势——WTO 框架下提高我国工业竞争力的方向》，载《管理世界》2003 年第 2 期。

［5］魏后凯、吴利学：《中国地区工业竞争力评价》，载《中国工业经济》2002 年第 11 期。

［6］顾海兵、余翔：《我国区域工业竞争力的测定与评价——我国十大沿海城市工业的广义竞争力实证比较研究》，载《学术研究》2007 年第 3 期。

［7］李明、黄珊燕、刘宇嘉：《成都市工业竞争力的统计评价》，载《统计与决策》2011 年第 18 期。

［8］姚鹏、张明志：《新中国 70 年中国中部地区工业发展——历程、成就、问题与对策》，载《宏观质量研究》2019 年第 2 期。

［9］张军、高远、傅勇等：《中国为什么拥有了良好的基础设施？》，载《经济研究》2007 年第 3 期。

［10］石军伟、谢伟丽：《世界大国工业竞争力评价与演进趋势：2000～2010》，载《产业经济评论》2015 年第 3 期。

［11］陈晓红、解海涛、常燕：《基于"星形模型"的中小企业区域竞争力研究——关于中部六省的实际测算》，载《财经研究》2006 年第 10 期。

［12］穆荣平：《中国高技术产业国际竞争力评价指标研究》，载《中国科技论坛》2000 年第 3 期。

［13］王涛、石丹：《中国区域工业竞争力的测度与比较》，载《统计

与决策》2019 年第 7 期。

[14] 苏红键、李季鹏、朱爱琴：《中国地区制造业竞争力评价研究》，载《中国科技论坛》2017 年第 9 期。

[15] 杨丽、孙之淳：《基于熵值法的西部新型城镇化发展水平测评》，载《经济问题》2015 年第 3 期。

[16] 罗良文、赵凡：《工业布局优化与长江经济带高质量发展：基于区域间产业转移视角》，载《改革》2019 年第 2 期。

[17] 赵雪雁、刘江华、王蓉等：《基于市域尺度的中国化肥施用与粮食产量的时空耦合关系》，载《自然资源学报》2019 年第 7 期。

[18] 彭珂珊：《保障新时期中国粮食安全的对策建议》，载《粮食问题研究》2019 年第 3 期。

[19] 谌琴：《新时代我国粮食供需形势及面临的新挑战》，载《中国发展观察》2019 年第 7 期。

[20] 赵俊伟、陈永福、余乐等：《中国生猪养殖业地理集聚时空特征及影响因素》，载《经济地理》2019 年第 2 期。

[21] 张鑫、李磊、于斐等：《功能农业竞争力水平指标体系构建及评价方法》，载《江苏农业科学》2018 年第 18 期。

[22] 武凤平、张亚瑛、佟丹丹：《我国农业竞争力的格局、外部趋势及提升策略》，载《改革与战略》2017 年第 9 期。

[23] 姚爱萍：《中国省域农业竞争力测度及分析——指标体系构建及其相关关系研究》，载《农村经济》2017 年第 6 期。

[24] 肖舒刈：《四川省区域农业竞争力实证分析与评价》，载《江西农业学报》2016 年第 9 期。

[25] 侯彦明、郭振：《农业竞争力评价方法及实证》，载《统计与决策》2016 年第 12 期。

[26] 张丹丹：《农业经济发展效率综合评估与优化策略——以中部地区为例》，载《对外经贸》2016 年第 5 期。

[27] 薛选登、王晓燕：《基于主成分分析的河南省农业竞争力评价研究》，载《山西农业大学学报（社会科学版）》2014 年第 11 期。

[28] 侯胜鹏：《中国中部地区发展现代农业的 SWOT 分析》，载《南方农村》2014 年第 11 期。

[29] 袁何路、田亦欣、郑燕芳：《我国中部地区农业现代化发展对策研究》，载《北方经贸》2013 年第 12 期。

［30］郑军、史建民：《基于 AHP 法的生态农业竞争力评价指标体系构建》，载《中国生态农业学报》2010 年第 5 期。

［31］孙致陆、周加来：《我国中部六省农业现代化水平综合竞争力评价》，载《综合竞争力》2010 年第 2 期。

［32］庄世美、苏时鹏、张春霞等：《中国省域农业产业竞争力评价与分析》，载《中国农学通报》2009 年第 20 期。

［33］刘彦随、彭留英：《我国中部地区农业发展定位与战略》，载《经济地理》2008 年第 4 期。

［34］李怡、赵泉民：《中国农业竞争力的时间序列分析》，载《财贸研究》2007 年第 5 期。

［35］漆雁斌：《中国省域农业竞争力比较研究》，西南财经大学，2007 年。

［36］刘晓华：《加快我国中部地区农业发展战略》，载《管理科学文摘》2006 年第 11 期。

［37］陈卫平、赵彦云：《中国区域农业竞争力评价与分析——农业产业竞争力综合评价方法及其应用》，载《管理世界》2005 年第 3 期。

后　　记

　　《中国中部产业发展报告（2020）》一书是教育部人文社会科学重点研究基地南昌大学中国中部经济发展研究中心的重要研究成果之一。本书以江西省产业发展中部赶超现状为范例，以中部地区工业和农业竞争力评价结果为依据，以国内外产业发展典型模式为借鉴，主要探讨了新时代中国经济开启历史新征程的背景下中部地区如何凭借产业发展实现中部崛起的问题。

　　全书共六章：第一章为背景介绍，分析了中国经济新趋势、中部崛起新机遇和江西赶超新态势；第二章为中部工业发展比较，从企业、产业、园区、城市等多个维度分析了江西"超湘赶皖"的工业发展现状；第三章为工业竞争力评价，利用综合评价分析法从纵向增长和横向比较两个角度分析了中部六省工业竞争力的指数增长、得分和排名；第四章为农业竞争力评价，首先利用DEA方法分析了中部地区粮食产出效率，再利用综合评价分析法分别测度和评价了中部六省粮食产业和畜牧业的竞争力；第五章为国内外产业发展模式借鉴，介绍了世界发达国家产业领先模式、江西产业发展典型模式、企业发展创新模式等；第六章为产业发展对策，有选择地借鉴国内外优秀模式和经验，针对江西产业发展中部赶超问题提出政策建议。

　　本书受到南昌大学中国中部经济发展研究中心和南昌大学经管学院的大力支持，得到教育部人文社会科学重点研究基地项目（项目编号：JD790006）的资助。同时本书部分成果为江西省工业信息厅、江西省工商联等相关课题阶段性成果，为此要特别感谢课题组成员毛小明教授、王圣云研究员、丁炜蓉博士、曾荣平博士以及陈文华等同学的贡献。感谢江西省民营经济研究中心叶国良以及研究生邹楠、艾主河参与本书部分初稿的撰写。尤其是感谢邹楠同学对本书初稿排版、文字校对等工作的辛勤付出。最后要特别感谢经济科学出版社负责本书的编辑、编审、编校等同志辛勤而卓越的工作！

2020 年 7 月 2 日于艾溪湖畔玉兰苑草舍